www.tredition.de

AF202205

Johannes S. Huber

Gedanken-
kleckse

Eine Brise Leben

www.tredition.de

Verlag und Druck:
tredition GmbH, Halenreie 40-44, 22359 Hamburg

ISBN
Paperback: 978-3-347-33927-9
Hardcover: 978-3-347-33928-6
e-Book: 978-3-347-33929-3

Gedankenkleckse

Eine Brise Leben

Vorwort

Gedanken sind frei, sie lassen sich nicht in Ketten legen, sie kommen und gehen, sie lehren uns nach Höherem zu streben. Sie geben dem Kind Mut und Kraft mit Freude an die Zukunft zu glauben, zu bauen, zu streben, Pläne zu schmieden, Hoffnungen wahr zu machen. Sie treiben uns an, zu schaffen, zu streben, nach Besserem zu leben. Sie lassen im Alter Erinnerungen aufleben, die alles Verlorene zurückgeben. Die alte Kinderstube, die geschäftige, liebevolle Großmutter. Sie steht am Küchenherd. Der gute alte Großvater, er sitzt am Fenster. Er kläppert mit den Fingern gegen das klirrende Glas, schaut hinaus in die Welt. Schaut hinaus und zurück, zurück auf sein Leben, seine Arbeit, sein Streben, noch weiter zurück. Auch er war ein Kind voll Hoffnung und Streben. Oh, wie schnell das Leben flüchtet. Aber Gedanken sind frei, sind unvergänglich oder können auch sie verderben mit all dem Vergänglichen? Wir halten sie fest auf diesem Papier und hoffen, sie bleiben. Aber Papier kann verbrennen, vergilben, verblassen, aber die Gedanken bleiben. Gedanken der Hoffnung. Das Leben besteht aus Körper und Geist. Körper gedeiht von Kindheit an, reift, schöpft Kraft, gibt Leben, wird stark und stärker, wird schwächer und schwächer, bis er uns verlässt wie ein gezogener Zahn, den man gerne vergisst. Aber der Geist, aus dem Gedanken quellen, lebt, er kann nicht sterben, er schwebt in die Unendlichkeit. Die Menschen rennen und streben, sie greifen nach Leben und Lust, vergessen, warum sie es tun. Lasst uns glauben ans Leben, ans unendliche Leben, denn endlich ist nur unser Streben. Wo beginnt die Zeit, wo endet sie? Wo beginnt die Welt, was war bevor? Blätter, Blüten, Früchte, Sonne, Wind und Meere. Menschen, Tiere, Wasser, Leben überall. Eine wunderschöne Welt. Wir streben zum Mond, zum Mars, zur Venus. Stein auf Stein, kaum Leben. Körner im Weltall. Wo hört es auf, wo fängt es an? Gedanken sind frei, aber sie können nicht fassen, was unergründlich ist. Sie wissen das und verstehen, sie glauben an Gott und die Unendlichkeit.

Oskar Peterlini,

am 28. Mai 2021

Einführung

Die Gedankengänge des Menschen schweifen durch Welten. Die Menschen haben Zweifel. Ihr Leben lang darf dem so sein. Wo kein Zweifel, keine neuen Früchte. Es gibt wenige Menschen, die das tun im Leben, was ihnen Spaß macht. Allzu viele Menschen tun etwas, da die Gesellschaft, ihr Partner oder ihr überliefertes Bewusstsein aus der Kindheit, das so verlangt. Sie bekamen in ihren jungen Jahren von den Lehrern in der Schule, aber auch von ihren eigenen Eltern nicht wirklich die Impulse, die „Treibstoff" - den Mut - für neue Wege liefern. Freies Denken ist nicht selten Mangelware. Ich meine zu wissen, dass für nicht wenige Menschen nur der monetäre Wert der „Treibstoff" ist. Nach außen ist alles da im Leben der „Proletarier", doch manchmal, wenn du genauer hin hörst, leben diese im Bewusstsein vom Gestern und haben Kinder, um zu versuchen, dort ihr Glück zu finden. Das wird nie zur Gänze wirklich gelingen. Der Geist ist von Natur aus rein und lebendig. Dort gibt es nichts dran zu ändern oder zu verbessern. Das Leben ist ein ewiges Lernen. Sobald das abgeschlossen ist, entscheidest du und gehst somit in das Schmerzfreie über, das der Tod ist. Der Tod deiner Organe und Knochen. Ob wahr oder nicht, das Leben nach dem Tod oder das nächste kommt bestimmt, so wie jeder Tag am Morgen von Neuem beginnt.

Johannes S. Huber

Ich liebe es, vorlaut zu sein

Oh wie knallig, was ist das denn für ein Müll? Das ist wohl die beste Frage, die du stellen darfst, wenn du einen Raum betrittst, in dem träge Geister reden oder einfach in ihrer Trägheit dahin schmoren. Warten auf ein Gestern, warten auf ein Morgen, jetzt bloß nichts bewegen müssen. Oder sich vielleicht am liebsten mit einer Trommel oder einem Joint das Hirn frei machen möchten... künstliches Leben? Künstlerleben oder einfach bloß verlorene Gurus ohne solide Basis?

Das kanns dann wohl auch nicht sein auf Dauer im Kunstmodus, freies Hirn freigeblasen oder aufgeblasen. Das Hersehnen, das auch ohne Kräuter geht, sich auch noch spirituelle Bewegung nennen und auf cool machen. Ohne Form kein stabiles Guru-Projekt. Cool geht ohne Kräuter, ohne irgendetwas, Fliegen geht ohne Drogen. Spirituelle Kreise mit bewusstseinserweiternden Substanzen sind mal nix für disziplinierte Menschen, das geht ohne. Immer dasselbe, einfach etwas Selbstdisziplin und Mut zu dir selber. Klare, kurze griffige Worte und die Dinge einfach beim Namen nennen. Ohne Scheu und ohne Blatt vor dem Mund, dann läuft die Karre fein dahin.

Ich liebe es, vorlaut zu sein und das zu sagen, was sich Schlappköpfe oder mutlose Menschen verkneifen, die z. B. mit dem Vater oder der Mutter noch ein Thema offen

haben und deshalb im Geiste ihrer persönlichen Hand-
bremsen nicht Herr sind. Das ist doch kein Leben mit Farben und Faden. Farben mit klarem Faden, von A – Z, das
ist Musik und Kreation zugleich. Ab dort kommst du zu dir
und eben in dich, zu deinen Farben; kommst deiner Seele
etwas näher. Immer wieder neue Zugänge zu dir schaffen
und das tun, das du am liebsten tust, für dich tust, aus
Spaß tust. Dieses Tun mach zu deinem Faden.

Anderen einen Gefallen tun, zu anderen nett und
freundlich zu sein, das überlass denen, die sich nicht selber öffnen. Freundlich sein und nett, für wen? Ich sag es
dir aus eigener Erfahrung: Du bist immer angearscht,
wenn du dich in anderen Personen verlierst oder sie einfach benutzt, da du selber deine Linie nicht wahrnimmst.
Das mag ungehobelt klingen, ich denke jedoch sehr klar
und allem voran für jedermann verständlich. Fahr mal
richtig ab, räum auf und du bekommst Respekt, da du
eben deine Persönlichkeit entwickelst. Mit Stand-by-Modus gehts höchstens wie auf dem Elektrorad so dahin. Und
da darf dir dann keine Gans über den Weg laufen. Gänse-
power zwischendurch ok...

Aber dann gib deinem Leben einen griffigen Sinn. Lass
es krachen, lass es knallen, sei vorlaut. Die Ansichten der
Pädagogen sind zu luftig, haben kaum Form und das ist
nicht selten bloßes Geschwätz. Das ist zu wenig, denn das
Leben braucht auch Form im Sinne von Praxis. Pädagogen,
die einfach in alten Büchern hängen geblieben sind und

meinen, das sei die neueste Weisheit dieser Erde. Weitergehen oder wie an einem Haken hängen bleiben.

Spätestens dann, wenn du gehst, wenn deine Knochen und Haut eingeäschert werden, ist es ohnehin zu spät, deine Farben zu leben. Dein Du-Sein lebt ohne Knochen weiter, da ja der Geist deiner Seele unendlich ist. Ich mein, das geht auch mit Knochen...also warte nicht ...auf wen denn, auf was? So leben, dass du deinen Körper auch richtig spürst, Haut und Knochen. Ob Sport oder Musik, nimm dich wahr, wie du bist und lass es laufen, dein Pferdchen.

Hast du deine Themen, wie z. B. Erbe schon hinter dir, mit deinen Geschwistern (ein kleiner Hinweis) schon abgemacht, dass das für alle deine Leute stimmig ist? Mach das am besten, bevor du ins volle Leben reinstartest, weiterstartest. Warum? Da einfach freies „Vorlautleben" – dein Leben leben - angenehmer ist als Gurkentrübsal blasen, eben Stand-by-Modus. Sei vorlaut, sei frech, doch nimm die gewisse Portion Humor dazu, sodass du keinem auf die Füße trittst. Humor löst jeden Schmerz. Du musst ja keine Mutprobe starten und verkrampft vorlaut sein. Die Dinge ergeben sich spontan... Wenn du die Möglichkeit hast, mach das öffentlich, so kannst du auch all dein Wissen und weitere Werte einbringen. Stell dich doch mal auf eine Bühne mit oder ohne Instrument und bring dich mit ein als Master of Disaster.

Gerade dein Schrägsein hat die Farben in sich, die dein Herzensmotor ist. Was heißt das schon? Einmal auf richtig schräg machen. Schritte tun, sich durchsetzen, immer wieder von vorne. Das ist Vorlautsein, vorlaut werden oder einfach in klarem piano weiterfahren.... einfach, dass es an Argumenten und Lebendigkeit nicht fehlt. Knallig, pfiffig, vorlaut kann auch mit feinen Argumenten greifen. Lass dir nicht von Menschen, die dich als vorlaut hinstellen, den Spaß am Leben verderben und frag diese Zweifler vielmehr, ob sie am Syndrom der Fehlinterpretationen leiden. Allzu schnell hängen sich Menschen an Haken auf oder verfahren sich in irgendwelche Schubladen.

Nicht ungern wiederhole ich die essenziellen menschlichen Ansätze. Das Vorlautsein, das auch in Meditation mit den Farben Grün oder Gelb in Verbindung gebracht werden darf, das ist die wohl leiseste Version von vorlaut sein, denn darin gibst du zudem noch deiner medialen Entwicklung Raum, das ist Gourmet vom Feinsten, Niveau und Extraklasse. Lebe dein Leben und mach nicht das anderer zu deinem.

Ich scherze nie

Niemals werde ich die Arroganz und die Frechheit so mancher horizontloser Menschen – ui, wie bin ich gerne zynisch, egal wer vor mir steht – teilen, die zu wissen meinen, sich auf irgendwelchen sinnlosen Bestätigungen aufzuhängen, um auf der Suche nach ihrer Identität den Weg freizubekommen. Das können Versuche sein, wahrhaftig, aber dann war's das schon. Ohne Beginn und ohne Ende können solche und ähnliche Versuche näher kommen zu dir. Zu wissen meinen, tun all jene Menschen, die gewisse Schritte im Innern noch nicht gemacht haben bzw. nicht durchlebt haben.

Wo und für wen möchtest du dich in deinem Innern aufhängen? Oder einfach an der Wahrheit vorbeileben und dich ewig und immer belügen. Das bringt nix, niemandem, auch nicht dir. Maximal das, dass wenn du so weiter schaufelst, du deine Steine, die du dir persönlich in den Weg legst, nicht wieder wegräumst. Frei fliegen ist das Einfachste, doch du musst das dann auch tun. Hängst du an deinem Wagen, an deinem Haus? Kacke, dann verkauf das doch, wechsle Ort und auch den Wagen. Neues ist doch immer die beste Schule in jeder Hinsicht.

Durch Neid und Gier stört so mancher den Weg erfolgreicher Menschen. Was soll ich dir sagen. Beginn mal einfach ganz leise Menschen, die in jeder Hinsicht Erfolg fahren, denen das zu gönnen. So wird deine Aura größer, du erreichbarer und zugleich deine Ängste reduziert oder gar zur Gänze aufgelöst. Auch das ist ein Teil deiner alten Käseplatte, hau weg den Müll und nimm lieber, was dir guttut und von Herzen kommt. Ich scherze nie, warum sollte ich auch. Ein wunderbares Kapitel, etwas Text, das ich mir von der Seele schreiben darf und dir zeitgleich weitergebe, wunderbar. Ich wünsche dir, du bekommst die Kurve, immer wieder neu, schreibe ich doch einfach und verständlich, dir zu helfen, durch diese Impulse deine Kurven stabil zu gestalten.

Südtirol lebt im Mittelalter, Worte, die ich nie genug wiederhole. Gerade bricht das alte politische Handeln eines Landes, das sich autonom nennt, mal richtig zusammen. Wir sind mitten im Prozess. Die Wörter, die im Kapitel „Politik" meines Buches „Medium mit Herz" zu finden sind, greifen jetzt im Jahre 2020. Geschrieben habe ich das Buch „Medium mit Herz" 2017. Totaler Aufbruch, den viele noch kaum wahrhaben möchten. Ob Astrologie oder andere Ansichten, etwas Geduld und gleich geht's richtig nach vorne.

Doch vorerst ist noch etwas Raum zu respektieren, dass Altes richtig zusammenfällt und somit einfach keine Chance mehr hat zu greifen bzw. sich durchzusetzen. Der fette alte politische Eiter platzt auf und trocknet aus, das steht fest. Zeit, egal, der Dreck darf raus. Was immer du dir dabei jetzt an Gedanken zusammenfügen magst. Es gibt halt mal verschiedene Zeitepochen und Zugänge, die manche pflegen und andere eben leugnen und sich selber dadurch persönlich unterdrücken. Der Mensch, der leider

von vielen Methoden der manipulativen Bergpolitik ge-
blendet wird, macht sich da nichts draus. Was möchtest
du auch tun, wie darfst du verändern, wenn du nicht am
Puls dessen bist. Wie gehabt, die Welt retten geht nie,
keine Frage. Was immer geht, du darfst an deinem „Puls"
was machen, deiner Herzenskraft vertrauen. Mach dich zu
deinem Puls.

Das hat auch in den Bergen nichts verloren. Nach wie
vor. Corona oder ein anderer grippaler Effekt, für was immer CV 19 steht. Die Politiker haben die Situation nicht
mehr im Griff und geben dem Bürger zu beißen, dass ich
manchmal mitbeißen darf. Nur der Humor hält mich über
Wasser bzw. ist immer dann das Allheilmittel, wenn nichts
mehr greift. Alle anderen Theorien sind Kacke. Keine
Weisheit dieser Erde hält den Räumen des Humors stand.
Weisheiten von klassischen Geisteswissenschaftlern
darfst du selber in die Pfanne hauen, die „Weisheiten des
Lobbyismus" – sowas ist irgendwann nicht mehr brauch-
bar. Allem voran, wenn du deiner Persönlichkeit immer
näher kommen magst, darfst du dich von allen nur möglichen Weisheiten trennen, klar - auch von meinen. Immer
wieder abhaken und dich nirgendwo aufhängen. Viele Impulse sinnloser Wissenschaft kann in dieser schnelllebigen
Zeit keiner brauchen. Vorbei die Zeit der Verstecke, so ist
es an der Zeit, auch die Geschwindigkeit zu verwerfen o-
der einfach dort schnell zu fahren, wo es die Bahnen erlauben.

Durch diesen Prozess, den das Virus jetzt ausgelöst hat, ist die Politik überfordert. In Südtirol einmal mehr, da durch die Berge bedingt viele alt-kulturelle Prozesse, die in den Menschen stecken, erst noch zu verdauen sind. Kein Richter dieser Erde wird der Wahrheit weichen dürfen und wenn er noch so rechtlich gesattelt meint zu sein. Die Gerechtigkeit und das Verlangen nach der irdischen Balance ist mächtiger und wohlumfassender. Kein Richter dieser Erde heute im Jahr 2020 wird seine persönliche Nase und irgendwelche Dummköpfe vor der Wahrheit bewahren können, komme, was wolle. Mit Ellenbogentechnik und nackter Mathematik, Politik, die sich an Ziffern aufhängt… das ist zu wenig, um intelligent zu regieren.

Das hat jetzt definitiv ein Ende, weltweit. Die Unwahrheiten krachen zusammen wie die Kartenhäuser, die der Ausbeutung des Menschen dienen. Das und Ähnliches versucht der Südtiroler Landtag wie die Kinder in der Sandkiste. Autonomes Südtirol, Weltpolitik, überall dasselbe Spiel. Niveau ist etwas anderes. Käse deshalb, da auch im politischen Ambiente der Antrieb meist das Geld ist. Wie die Hampelmänner lassen sich die Menschen in politischem Geblödel treiben. Solange diese essenzielle Nahrung nicht politisch begriffen wird, kann der Rest der Menschen vergebens auf balancierte Verhältnisse warten, egal auf welcher Ebene, ob Gehälter oder sonst welche Regulationen, die dem Menschen dienen könnten und dürften.

Lamborghini

Da mir schöne Wägen, die gut singen, sehr gefallen, habe ich mich vor einigen Jahren gefragt, wie der Autohersteller wohl in der Kommunikation tickt, um weltweit Erfolg zu haben - und das mit Autos der Premiumklasse.

Wie machen die Menschen das? Von der kleinsten Schraube bis hin zum kapriziösesten Kunden darf wohl immer alles stimmig zugehen und sehr hohe Wertschätzung gefahren werden, sonst ist so etwas doch nicht wirklich möglich, würde ich mal sagen. Wägen bauen und vermarkten, die krachen wie ein unbezahlbares Orchester, ist wohl die Krönung für all jene, die es lieben, vier Räder zu bewegen. Autos, die auf der Straße kleben wie Teer, der die Wägen auf der Straße hält, wie die Reifen den Wagen selbst. Autos zusammenschrauben mithilfe von Robots, mit Hilfe von Leuten, die das gerne tun und dafür mehr als ein bloßes Gehalt bekommen.

Anerkennung und Liebe ist das Zauberwort, mit dem ich in jedem Raum bewusst die Resonanz erhöhen darf und kann, dass sich Leute, die daran mitarbeiten, wie von alleine bewegen, da das Klima einfach nur gut ist. Autos zusammenbauen und am Abend entspannt nach Hause gehen, gar nicht gerne nach Haus gehen, da das Arbeitsklima feinsten Respekt auf allen Ebenen abwirft, das ist Premiumklasse an Wertschätzung. Dabei entstehen auch noch Wägen, die auf Jahre im Voraus ausverkauft sind. Immer wieder gilt es gerade Linie zu fahren mit den Wägen, geradeaus zu fahren in der wertschätzenden Sprache bzw. internen Kommunikation.

Gehts andersrum auch, dass das Ganze passt? Höhen und Tiefen im Autosektor, was ist das, welcher Autobauer kennt das? Aus welchen Gründen darf es akzeptable Gründe geben, dass an der ganzen Kette, von der ersten Schraube bis hin zum Modell der limitierten Klasse etwas nicht stimmt? Was heißt Wägen bauen wirklich und warum macht das der Mensch? Ist das reine Begierde, um sich etwas Bestätigung zu holen oder ganz einfach, um sich in der Technik Anderen beweisen zu müssen?

Ich würde mal sagen, am besten ist, es einfach zu tun und nicht danach zu fragen, was andere denken. Wen interessiert das schon, was ein anderer über dein Werk, deinen Wagen denkt - keine Ameise! So macht das wohl Lamborghini seit jeher. Vom Traktor zum Supersportwagen, der auf dem gesamten Globus begehrt ist. Gedacht, getan....

Nachgedacht, kurz mal zurückschauen

...gedacht, nachgedacht. Hallo du, was machst du denn gerade, außer hier etwas in diesem Buch zu lesen, zu fühlen, was die Menschen so tun oder taten. Möchtest du nachher gleich mal joggen gehen? Sie taten, sie würden gerne tun - und immer noch nehmen viele Menschen nicht wahr, was wirklich wahr ist.

Wortspiele... sie unterscheiden nicht zwischen Realität und Wirklichkeit, das sind feine Unterschiede. Es gibt nämlich einen Unterschied zwischen Realität und Wirklichkeit, der sich auch medizinisch wunderbar erklären lässt. Ansichtssache, ja. Sie laufen weiterhin ihrer Unterwürfigkeit vorne her. Viele Menschen, gerade hier in Südtirol, speziell in den Bergen, tragen die Unterwürfigkeit in sich, sind kulturell bedingt nicht wirklich entwickelt.

Der Ursprung der Kultur prägt und spielt eine nicht unwesentliche Rolle. Sie weinen, beklagen sich, pflegen Ausreden, statt das Leben vital zu gestalten in all ihrer Kreativität, die auch in ihnen schlummert bzw. schlummern würde. Jammern, dass nichts läuft in ihren Betrieben, in ihren Familien, da sie aus den alten Schuhen einfach nicht rauskommen, aber auch nicht möchten. Kommunikationsprobleme auf diversen Ebenen zu diversen Themen. Gesteuert, festgefahren in Anzügen und Nummern und anderen Unsicherheiten, die nicht ertragbar sind für eine göttliche Harmonie in ihrem Umfeld. Gerade denke ich auch an mein erstes Buch, das zweite, das in der Geburtenstation liegt, lag und jetzt geboren wird.

Aber ich denke auch an Menschen, wie erwähnt, die sich im Geld verlieren oder versuchen zu finden. Wenn sie nicht im Geld suchen, suchen sie wohl einen anderen „Schuldigen", der dafür verantwortlich wäre, dass sie sich nicht öffnen können. Das sind auch die Menschen, die sich schon lange persönlich ins Gesicht lügen, die jeden schönen Tag der Welt verkrampft ins Gesicht und in die eigene Tasche zu lügen. Klare weise Themen werden demzufolge fehlinterpretiert. Nachgedacht, reflektiert, für Werte, die ohnehin nicht käuflich sind. Für Werte. Dank dieser „Dummheit", erlaube mir bitte diesen Ausdruck vieler auch kulturgeprägter Menschen, komme ich für mich immer klarer auf meinen Weg; er wird noch klarer, noch reiner.

Mach die Probleme anderer nicht zu deinen. Ein wichtiger Punkt, wenn du weiter zu dir und somit nach vorne möchtest. Nimm kein Blatt vor dem Mund. Und wenn es sein muss, da deine gefühlvollen Aussagen keinen Anklang finden, da dich Menschen aus diversen Gründen nicht hören, dann hab keine Scheu und kein schlechtes Gewissen. Hau auf den Tisch, steh auf und geh einfach weiter. Die Masse der Menschen ist einfach die Masse und steckt nicht selten in billigen Klischees fest wie ein Kartoffelsack, den du auf den Boden stellst.

Es ist nicht gerade ein Genuss, dass ich doch einige Menschen sehe, die sich regelrecht zermürben beim Geld sammeln. Als ich ca. 8 Jahre alt war, hatte ich den Gedanken gefasst, dass alles ganz einfach ist und sein muss und dass Geld verdienen das Einfachste der Welt ist und ganz leicht und locker geht. Du musst dich halt „ganz einfach" in andere Sphären bewegen, begeben und feinere Werte an dich ran lassen, die dich tragen und von innen raus schmunzeln lassen. Sollte auch ich mich persönlich weniger zermürben? Kann sein, manchmal sicher.

Nun, ich denke wirklich, dass die kulturellen Einflüsse zusammen mit den Bergen in Südtirol einen großen Einfluss haben, um, beginnend in den eigenen Ursprungsfamilien, lebendige Kommunikation teilen zu können. Manche zermürben sich das Leben im Nicht-Sprechen und einige wiederum flüchten vor anderen Wahrheiten. Sie flüchten sich in Scheinwelten - sicher auch ein Ding der Unmöglichkeit, des Abkühlens.

Mittlerweile sind die Eltern unserer Herkunftsfamilien in einem Lebensabschnitt, der nicht mehr gerade der Blüte des Lebens entspricht, und das in den Bergen Südtirols, die ja wunderbar sind, wenn man oben steht und herunter schaut. In Südtirol ist die Wertschätzung generell sehr tief, für meine Wahrnehmung zumindest. Wir haben ein Amt für Kultur, das auf der einen Seite brav ist und gerade durch das verdammte Brav-Sein Entscheidungen fällt, die kein Künstler dieser Erde gebrauchen kann.

Gestern hab ich zum ersten Male auf Facebook mein Stundenhonorar veröffentlicht. Zermürben ja. Es kamen einige, aber bloß zynische oder destruktive Reaktionen. Dadurch bestätigen sich meine Ansichten glasklar, das ist schön. Das Zermürben, das Boxen in den Bergen - Neid frisst Menschen auf; jene, die alles das übernehmen, was Geschichte sprach. Nachgedacht, für mich, für dich, über das, was niemand sieht. Dort ist meine Welt, mein Tun, wie du bereits vielleicht in einem meiner letzten Bücher bemerkt hast.

Hin und wieder Zurückschauen könnte ja auch von Nutzen sein. Nutzen darf's dir, wenn du möchtest. Hellsehen, Hellfühlen, Hellwissen, das ist das Paket, das du für dich bekommst, bodenständig und normal und ausschließlich live. Telefonisch darfst du gerne ein zehnminütiges Erstgespräch bei mir machen. Alle anderen Formen per Telefonkanal, was auch immer, schließe ich als Sitzung aus. Covid hin oder her, das ist nichts. Ob ein halbes Jahr oder bloß eine Einheit – grade, was du suchst und brauchst. Ich begleite dich auch im Kauf oder im Bauprozess deiner Immobilie. Ich stehe Architekten zur Seite, wenn Anfragen kommen. Kommunikation in Farben und Formen. Dort fängt der Weg zu Zugängen an.

An dieser Stelle darf ich betonen, dass ein Mensch nicht meinen sollte, in einer Stunde wäre alles gelöst. Besonders wenn er sich zuvor viele Jahre geistig nicht entwickelt und nichts für sich getan hat, darf er in einer Sitzung keine Wunder erwarten.

Das heißt im Klartext, um deine Immobilie zu besichtigen, nimm dir Zeit, dazu auch eine Begleitung auf spiritueller Ebene mitzunehmen. Also, was ist dir wichtiger? Der fette Geldbeutel und unauthentisch weiter unter den falschen Leuten sein, die nach Außen jämmerlich glänzen? Oder eine Investition in deine Geistesbreite? Alles darfst du für dich entscheiden. Nachgedacht... kurz mal. Nachgedacht für dich, meine bereits erschienenen Bücher, einfach mal so gemütlich diese Zeilen schreiben, das Schneetreiben begrüßen und glücklich sein. Das Ganze an einem Vormittag.

Denken tue ich auch grad an meine persönliche Bettlektüre Willigis Jäger, ein etwas rarer Mönch, der in seinem Sein der Welt wohl etwas voraus ist. Ja, er ist sicher auf einer gewissen Ebene ein Kollege von mir. Mit dem kleinen Unterschied, dass er vielleicht mit mystischeren Worten wirft, schmückt. Könnte sein. Ob das wirklich so ist, lassen wir dahingestellt. Sich im Werten verlieren ist doch Käse.

Mystik, Kirche, Religionen, was ist was? Wer ist was? Alles unbrauchbares Geschwätz? Ist jede noch so entwickelte Realität sinnloser Kommunikation näher als essenzielle, klare, kurze, inhaltliche Sprache? Das kommt gerade so auch eine kleine Frage in mir hoch.

Dürfen wir uns die ganzen spirituellen Bücher sparen, die z. T. doch wirklich alle wie dieselben „Käseblättchen" sprechen? Jeder ist spirituell und was auch immer. Dabei kennen doch die meisten den Begriff nur als Begriff, sie haben ihn einmal gelesen und aus.

Ui, da fallen mir so manche Priester und Gelehrte auch ein an dieser Stelle, die der alten „Sklaverei" der Kirche dienen und sich allen biblischen Texten unterwerfen. Die sich untergeordnet im Wandel der Zeit bewegen. Ja, wie lange brauchen die Männer mit orangen und violetten Messgewändern noch, um zu begreifen, dass ihr Denken und Handeln kaum zum Nutzen des Volkes heute dient? Es fehlt und das möchte ich dazu sagen, einfach die Lebendigkeit, eingebunden in einen starken klaren Charakter.

Warum möchte sich der Kirchenapparat nicht öffnen, nicht wirklich? Ist er zu groß, zu komplex? Was bringt das verriegelte patriarchale System, das im Wohlstand in ihren persönlichen Mauern untergeht? Ein System, das schon lange den Menschen belügt: Gold predigt, doch bloß Wasser austeilt. Es ist nicht wirklich balanciert. Es wäre doch an der Zeit, dass auch der Kirchenapparat weltweit all das Kapital so verteilt, dass jeder ein Grundeinkommen haben darf. Zumindest dürfte dieser politisch wirtschaftliche Horizont so ankommen. Norwegen ist in diesen Sachen Vorreiter laut meinen persönlichen Recherchen. Ob der reine Geist wie Papst Franziskus schon geboren ist, um sein gesprochenes Kapital zu übernehmen? Was soll das sein und werden, wenn der Spalt, das „scheinheilige" volksferne Predigen jeden Einzelnen nur mit „Lügen" erreicht.

Dr. Probst erwähnte einst in einem YouTube-Video, dass der Kirchenapparat auch so gesehen werden darf, dass er durch seine Projektionen und Evangelien wirkliche Entwicklung an Spiritualität verhindere am Menschen. Ich teile diese Ansicht sehr wohl, wenn ich beobachte, was hier in Südtirol so vor sich geht. Ein gewaltiges Festhalten an altem Kram wird dem Apparat Kirche zum essenziellsten Problem, das begreifen dessen Männer kaum. Der Mensch ist wach, die Kirchen leer. Alles nicht zu wichtig nehmen und polarisieren, klar... doch...

Immer derselbe Käse, nicht selten köstlich heruntergeleiert. Kein Hauch an Mystik, nicht wirklich, ist in den noblen Gotteshäusern zu finden, schwerfällig und leblos auch so manche Gesänge. Für meinen Geschmack, darf gesagt sein. Kunst, die protzt und dennoch dem Besucher nicht das gibt, was er sucht und wirklich brauchen kann. Da kann was nicht stimmen in den Welten der kirchlichen Harmonien, Gesamtharmonien. Wohl auch zu groß der gesamte Komplex und nicht jeder hat einen lichtvollen

Klangraum, wenn er singt. Wen interessiert`s schon, dem Schein zu folgen.

Was ist auch so mancher Bau schwer und mit tief schwingenden Farben in den Fresken ausgestattet. Mystik ist nicht das Evangelium, eine Theorie, Mystik ist mehr. Etwas, das bloß erfahren werden kann. Mystik findest du auch nicht in den goldenen Gewändern und Prunkstücken, die so mancher Priester trägt, die Messgewänder. Nein. Das „Theater" der Göttlichkeit, das der Bürger auch mitprojiziert bekommt, das ist das, was sich in den Protzpalästen spiegelt, die aus geschenkten Geldern errichtet wurden. Farbenfroh, kalt und schnörkelig, das war alles. Danke den Künstlern, darf gesagt sein, ja. Angenehmer wäre doch schnuckelig. Schnuckelig wie ein Teddybär.

Nachgedacht im Sein und Treiben, was der Tag so bringt und das Lektorat für mich tun darf, hatten wir jetzt doch auch einige wenige Ansätze, Impulse, die dir sicherlich dienlich sein könnten. Mediale Arbeit hier in Südtirol umzusetzen und anzukommen, und das auch noch mit kritischen Ansätzen – spannend! Ein Kapitel für sich.

Ich werde ein Profi im „Nerven" (bewegende Kraft) bleiben. Ich würde mir wünschen, als Autor öffentlich mehr Raum zu bekommen, am liebsten im TV. Es wäre schön, eingeladen zu werden, vor allem zu Diskussionsrunden, um öffentlich mitzureden (z. B. Markus Lanz TV).

Andererseits ist es mir egal. Das Problem der mittelalterlichen Resonanzen der Medien im autonomen Südtirol darf bleiben. Doch eines ist und bleibt garantiert. Der intelligente Mensch, ob alt oder jung, wird das Land der Berge in seinen besten Jahren verlassen müssen. Feiner ist's, wenn auch manchmal etwas schmerzlich, wenn mein Namen noch eher unbekannt ist, kein Gewicht hat, kein Sagen. Wie schön das ist, nicht gefragt zu sein. So darf ich mich auf das konzentrieren, was mich wirklich interessiert und darf so alles Störende ausblenden. Bin der Überzeugung, dass das Ziehen an den Drähten hinter den Kulissen spannender ist und bleibt.

Es gibt schönere Bereiche im Leben als vorne zu stehen, ob als Politiker oder jemand anderes, der den Menschen Scheinwelten verkauft. Vorne die Bühne und ich im entspannten Stuhl im Hintergrund, ist und bleibt für mich eine Klasse angenehmer. Wen interessiert's auch schon, was du in Wirklichkeit tust und wirkst. Keinen. Also auf in die nächsten Zeilen, Wörter in Räumen, die auch dir Getragenes schenken, das nirgendwo käuflich ist. Kurz mal das tun, was du tun möchtest. Klar nach vorne, das sind auch deine Wege. Kurz das Krönchen schmieren, mit dem Zeigefinger zurecht schupsen und weiter geht die Reise in Richtung Unendlichkeit…

Der Horrorautostopp mit Max Leitner in meiner Jugend

Als ich ca. 14 Jahre alt war, fuhr ich doch gerne mal mit dem Zug nach Bozen, um eine Runde zu drehen, zu flanieren, einfach von zu Hause weg zu sein. Ich wollte in der Stadt Bozen ein bisschen rumschnüffeln, wie es auch Hunde gerne tun. Was sollte ich denn schon zu Hause in einer Familie, die von menschlichen Werten weit weg war - für meinen persönlichen Horizont - wohl damals schon. Ui, das war wieder böse, nein, ehrlich. Du darfst doch nicht über deine Familie so schreiben, bla, bla… tönt es von Weitem. Habe ich die Kacke womöglich noch nicht ganz verdaut? Auch in Ordnung...

Bozen die Landeshauptstadt, welches Jahr war das eigentlich? In Südtirol ist das wohl eines der schönsten Städtchen, das ich auch persönlich erleben darf. Hin und wieder fahre ich dort hin, da heute mein vorübergehendes Büro dort ist. Herr Kunter Serafin, ein werter Immobilienhändler, leiht mir sein Tischlein, das er im Eingangsbereich seines kleinen Büros stehen hat. Es eignet sich sehr gut, um Menschen für Gespräche zu empfangen, die sich mit Lebensfragen an mich wenden, wunderschön.

Nun ist es ja auch so, dass nach der flanierenden Runde in der Stadt auch das Hündchen nach einiger Zeit wieder gerne nach Hause fährt. So hatte ich mich damals entschlossen, nicht wieder mit dem Zug nach Hause zu fahren, sondern neben dem Bahnhof an der Straße zu stehen, um von dort aus nach Brixen, nach Hause zu gelangen. So gelang das dann auch. Rechter Arm, rechter Daumen und siehe da, nicht lange hat es gedauert und ein Wagen hielt an. Ein wunderschöner gar, ein BMW der Dreierserie in jägergrün mit den vier runden Scheinwerfern vorne dran. Ein 320i, das i steht für Einspritzer. Wer damals so einen Wagen fuhr, zählte wohl eher schon zu den angesehenen Herren.

„Bist a Bursch, hast an BMW" - wenn Menschen das ausschließlich als Prestige benutzen - kommt heute noch vor. Fahr ich den Wagen für mich, von innen nach außen oder von außen nach innen, ein feiner Unterschied. So ist das wohl heute noch in dem kleinen Bergland, hast an Audi, bist a Mann. Es sind zwar viele Jahre vergangen, doch hinsichtlich dessen hat sich nicht viel geändert, wenn du etwas näher hinschauen möchtest. Einen schönen Wagen fahren macht Freude, keine Frage.

Der jägergrüne BMW der Dreierserie hielt an. Wer lenkte den? **Max Leitner**, heute ein „Krimi-Promi". Persönlich war ich damals schätzungsweise 14 Jahre alt, müsste das wohl besser recherchieren. Fest steht, dass Max Leitner am Steuer saß. Ich kannte ihn vom Sehen her, da er ja immer in Brixen unterwegs war und in Milland, einem Stadtteil von Brixen, einen Fitnessraum betrieb.

Muskelkraft, ui, das ist was für Männer, die ihr persönliches Sein und Werden in der Anatomie zu finden versuchen.

Ja, ja, die Scheinwelt, die Fassaden, lässt so manchen Mann, aber auch manche Frau, nicht wirklich gedeihen. Immer wieder sei betont, dass nur die Balance zwischen Geist und Materie, zwischen Geben und Nehmen auch in Geschäften kraftvoll ist. Alle anderen, mit Neid und Gier beladenen Geschäftsmodelle bringen nix auf Dauer. Nur für eine kurze Zeit ist das vielleicht schön.

Ich war natürlich voller Freude, da es einfach nur geil war, in einem flotten Wagen mitzufahren, mit dabei zu sein. So ging das Gespräch zwischen Max und mir gleich los, wortkarg war ich ja nie wirklich. „Hallo du Max, bist du auch ein Brixner, wo fährst du denn so hin heute?" ich zu Max. „Nach Brixen" sagte er mir und ich „Ach so, ja… aha…" Etwas mulmig war mir schon, schließlich war Max damals vom Körper her ja sehr durchtrainiert, ich selber das zarte junge Bübchen, ein Mann mit Sportwagen und auch noch Muskelprotz, ganz schön kantig der Fahrsalon. „Verdammte Kacke" dachte ich, „in welchem Wagen sitze ich da!" so insgeheim still vor mir hin. Es dauerte nicht lange und wir kamen so ins Gespräch, da ich ihm ja ein Loch in den Bauch fragte.

Im Sommer 2019 traf ich ihn in Bozen wieder. Ich erzählte ihm von meinem ersten Buch. Ob er das gekauft hat, weiß ich nicht. Jedenfalls ist er physisch eher reduziert, so kam er mir vor, als ich ihn traf, in Bozen, ca. 30 Jahre nach dieser Fahrt per Autostopp von Bozen nach Brixen. Wenn ich so denke, brutal, wie weit der Mensch geht in der Gier nach Geld.

Etwas verloren schien er mir, sonst wäre er doch nicht wirklich so weit gegangen damals. Ich bin viel per Autostopp gefahren, einfach deshalb, da meine Ursprungsfamilie nie wirklich die war, die ich mir erwartet hatte.

Max sagte mir irgendetwas von einem Überfall, wenn ich mich recht erinnere. Er hat es mir wohl verraten durch die Blume. Sein Lachen war mir auch alles andere als angenehm. Wie auch immer, es war mir auf dieser Fahrt verdammt mulmig zumute. Stell dir mal vor, du steigst in einen Wagen mit einer Person, die für wenige Tage später einen brutalen, schwer bewaffneten Überfall geplant hatte. Wäre es dir denn nicht auch eher mulmig auf der ganzen Fahrt? Da nützt der wunderschöne BMW wenig. Lieber wäre mir natürlich eine charmante Dame gewesen am Steuer, keine Frage.

Unglaublich und heute ist Max auch im Kino zu finden, er hat nach all dem „Werden" wohl einiges auf sich zukommen lassen, würde ich mal sagen. Gar keine Frage. Ich munkle da ein bisschen für mich rum, da ich wohl selber gern einen Sponsor hätte, der mir mein zweites Buch finanziert. Oder das erste auch zu einem Film, vielleicht zu einer TV-Dokumentation weiterentwickeln hilft. Der Max

Leitner und der Johannes S. Huber in einem Wagen, das war eine Fahrt, meine Herren! Übrigens brachte mich mein Bruder auf die Idee, darüber zwei Zeilen zu verlieren. Er meinte, ich hätte etwas gemeinsam mit Max, auch sein Bruder heißt Stefan, sowas aber auch! In diesem Sinne wünsche ich dir, lieber Max, nur das Beste, wenn dir auch nicht immer alles so lief, wie du es gern gehabt hättest. Ich wünsche es dir dennoch von Herzen und lebe wohl, lieber Max. Lange ist's her, wenn das Leben auch nur einen Augenblick lang.....

Hallo du, du sanftes Wesen

Nun bist du geboren, du sanftes Wesen, gekommen in deine Räume, die dir dein Ich etwas näher gebracht haben. Du, ja, du bist es doch, der diese Zeilen gerade eben liest. Nichts ahnend hast du dir das Buch gekauft und sitzt gerade bequem an einem Ort, wo dich deine Gnade trifft. Sie sagt dir, du möchtest sie des Öfteren in deiner Stille zulassen, deine Gnade, die zu dir sprechen möchte. Lass sie zu, deine Gnade, die dir, wenn du ganz genau hinhörst, jeden Tag etwas Neues sagen möchte. Deine Gnade, lasse sie zu, die Gnade Gottes.

Ist das ein Geschenk für dich? Oder hattest du dich noch nie mit diesen Begriffen auseinandergesetzt? Unzählige Bücher gibt's im spirituellen Bereich. Ich versteh`s auch nicht besser als du. Doch sei dir gewiss, es gibt sie - die Gnade Gottes. Es sind die ganz feinen kleinen Gefühle in dir, die wohl manchmal untergehen in einer schnelllebigen Zeit. Untergehen in Räumen der Pragmatiker, in Räumen festgefahrener Glaubensmuster von Wesen, die - wie erwähnt - in ganz alten Räumen sitzen und, wie ich nie genug betone, sich unterwürfig schnorchelnd durch die Menschenmasse bewegen. Das ist nicht Gnade leben. Gnade leben, Gnade entwickeln, was heißt das für dich persönlich?

Niemand hat recht, keiner gewinnt. Gnade leben heißt sicherlich einfach auch das tun, was du selber tun möchtest. Oder anders ausgedrückt: Deinen Herzenswunsch selbst küssen, ihm treu bleiben. Küsse dich und strahle. Wie ein altes gutes Sprichwort lautet: Erst dann strahlen auch alle anderen. Schaust du immer noch denen ins Gesicht, die nicht strahlen? Auch gut... ich meine, mach das nicht zu häufig. Gnade, hör auf mit der Kacke, bleib in deinem Strahl. Schau auf dich in deiner Gnade, verschenk deine Strahlen nicht. Unterwirf dich nicht, richte deinen Kopf schön gerade, so wie das die Inder (Asiaten sind fantastisch) gerne tun, mit leichtem Kopfschwung, der zugleich die ersten beiden Wirbel mobilisiert. Einfach immer schön locker bleiben. Nichts ist wichtig. Es läuft von alleine, du brauchst nichts tun. Hör ganz einfach in dich hinein, du weiches, feines Wesen. Den harten Kern benutze bloß als Schutz für dich, um deine Perlen nicht zu verschenken.

Die Gnade Gottes... Gibt es Gott? Hat er dich schon mal angerufen und Hallo gesagt? Gib ihm doch mal deine Nummer und es kann sein, dass dein Telefon dazu klingelt. Schön ist es für dich, wenn du in deinem Vorfeld immer das pflegst, was über deinem Körper weilt. Das ist das, was deine Aura schützt und was halt so alles dazugehört, um dein sanftes Wesen zu pflegen und in Zartheit erblühen zu lassen. Das zarte Wesen darf dir gar nicht genug Thema sein, um schon im Jetzt dorthin zu gelangen, was manche nicht mal nach dem Ableben erfahren. Solche, die zu Lebzeiten völlig festgefahren auf irgendwelchen Theorien herumreiten und gefangen in materiellen Gütern dem Strom „dummer" Gedankengüter folgen.

Sei besonders achtsam an Tagen, an denen andere dich drängen, du solltest dies und jenes tun. Nur die Zartheit deiner stillen Stimme hat die Antwort für dich, die du brauchst, um dich zu entwickeln, vor allem um deiner Persönlichkeit Raum zu schenken. Du gibst dem Kern deines Wesens Herzensimpulse und bist verbunden mit deinen Räumen, in denen das nicht in Worte zu Fassende schlummert, um entfaltet zu werden.

Immer wieder erlebe ich persönlich in Anfragen, dass die Gnade, der zarte göttliche Funken nicht so wirklich enthalten ist. Dass auch bei Menschen, wo du meinst, da wäre alles in reiner Ordnung, dennoch nicht wirkliche Liebe zum Vorschein kommt, sondern Ego, dass es nur so protzt. Die Egoprotzer. Na ja, etwas davon wird jeder haben dürfen. Und übrigens, was ist das schon, ein Egoprotzer? Das Sanfte zu erkennen ist nicht immer angenehm, doch dennoch darfst du das annehmen, gelassen, gediegen, in deiner Stille. Du brauchst dich auch nicht lange äußern, wenn du unter Menschen gehst. Am besten setzt du dir einen weichen Smiley auf, ohne zu sprechen und dann schaffst du es mit Sanftheit überall gut durchzukommen.

Geistesbildung muss nicht gelehrt werden

Nie genug ist das Thema Bildung, was auch immer so mancher darunter versteht, neu zu beleuchten oder in den Raum zu stellen. Damit meine ich ausschließlich die Geistesbildung, die Pädagogik. Was ist denn das überhaupt? Persönlich bin ich es gewohnt, Kritik zu hören und gar fehlinterpretiert „angegriffen" zu werden zu glasklaren Ansichten. Geistesbildung ist Käse, das steckt alles und mehr auch in dir, spar dir den Schmarrn. 80 % der Persönlichkeitsbildung kannst du dir ersparen, indem du einfach deine persönliche Achtung zu dir pflegst. Erinnere dich, du trägst alles in dir. Du brauchst u.a. bloß die persönliche Motivation zu pflegen und zu fördern.

Der Mensch ist doch wirklich das dümmste Wesen samt seiner Bildung und nicht selten gerade durch seine Geistesbildung. Ja, da bin ich anderer Meinung als die vielen klassischen, sinnlosen unbewussten Projektionen, die gerade von „Gebildeten" kommen. Umso mehr der Mensch an Geistesbildung in sich trägt, umso eher läuft er damit Gefahr, dass er durch das ganze soziale Netzwerk andere Menschen durch schleichende Methoden manipuliert. Lauwarm nenne ich das gerne, wenn ich unsympathisch sein darf. Nicht wenige Möglichkeiten der Selbstfindung – Kurse, Ausbildungen usw. sind weder plus noch minus, somit sinnlos. Es gibt nur wenige gute Ausbildungen, die der Selbstfindung dienen, da oft Teile wie z.B. die der kabarettistischen Kunst fehlen. Doch mach dir darüber keinen Kopf, jeder darf projizieren, was er möchte. Bedenke dabei jedoch, wenn du fortlaufend in „dreckige" unreine Auren von Häusern oder Menschen eintrittst, du Ballast sammelst, einfach Müll, von dem es hin und wieder sehr von Nöten ist, sich zu distanzieren.

An dieser Stelle betone ich abermals, dass du eher zur Angriffsfläche wirst, umso höher Deine Erwartungen und das Niveau sind, dass du lebst und zeigst. Erhöht zeigt sich das Phänomen in den Bergen. Stehe dennoch zu deinen Werten und lass dich davon nicht abbringen. Bleibe klar und genieße in Stille dein inneres Niveau. Das kann nicht immer und muss nicht immer kommuniziert werden. Wer viel spricht, hat nicht viel zu sagen.

Ob gut oder schlecht.

Werten ist ohnehin Käse, eines meiner Lieblingswörter in diesem Zusammenhang und einfach generell, der Käse. Südtirol ist ein kleines Land, in dem primär äußere Werte zu „Werten" werden und die Landespolitik immer noch unbewusst in ihrer Aufarbeitung der Tiroler Geschichte nicht wirklich vorankommt. Da ist es umso wichtiger, dass jetzt weise Impulse einer charakterstarken Gesellschaft bekräftigt werden, um diese alten Barrieren abzudecken und gegebenenfalls dadurch leise und weise ein immer noch hochtraumatisiertes Bergvolk aus dem Schein und Schleier zu hervorzuheben.

Tirol ist nach wie vor in meinen Augen ein extrem scheinheiliges Land. Das zeigt sich u.a. daran, dass es noch nicht so weit ist, bestimmte Themen, wie zum Beispiel „die Spiele der Pharmalobby mit den sozialen Einrichtungen", auf öffentliche Plattformen zu bekommen. Zumindest habe ich das noch nicht geschafft. 2020 ein Tiefschlaf in den Bergen, die sind, wie sie sind und immer so waren. Dass mir ja keiner was ändert daran!

Lügen und Manipulation von Menschen, die in diverse Themen nicht eingeweiht sind, sind an der Tagesordnung. Das Fatale daran ist, dass das diese unbewussten tiefen Ebenen mit in eine Politik fließen, die den Bürgern nicht wirklich förderlich ist. Der Marionettentanz im Landtag, der versucht, die Probleme der Bürger auszutragen, zu ebnen, was aber nicht wirklich gelingen kann, solange unbewusst einige Themen immer wieder unter den Teppich gekehrt werden. Es ist sehr schade, dass es in Südtirol noch keine Zeitung gibt, die nicht manipulativ arbeitet. Es wird einfach zu viel Sinnloses geschrieben. Ich würde mir eine schönere Zeitung, eine Zeitung mit Inhalt für Südtirol wünschen. Der Großteil der Inhalte der noch so intelligenten Wochenzeitungen im schönen Südtirol hat lobbyistischen Hintergrund, selbst dann, wenn eine Zeitung über sinnlose Wissenschaft schreibt, tut sie das, um ihrem Ruhm Raum zu schenken. Ob so das Ganze balanciert ist? Wer darf wann was? Das viele wissenschaftlich fundierte Stellen keinen Sinn haben, da keine greifbaren Früchte daraus kommen, ist keine Frage, doch sei das den Herrschaften gegönnt. Deswegen gilt es eventuell auch deine, allem voran auch nonverbale Sprache zur Selbstreflexion zu bringen, bevor du sprichst oder eben unwahre Blödsinne denkst. Damit meine ich, sprich einfach vital und lebendig, am besten direkt. Versuche in diesen menschlichen Innenräumen zu bleiben, auch tanzend.

Ich bleib bei meinen einfachen essenziellen Ansichten, da gibt's nichts zu rütteln. Erziehung kann nicht gemacht werden, Erziehung passiert von alleine. Einfach auf nötige Distanz gehen zu gewissen Menschen, und auch du erblühst wie Magnolien, die sich gerade jetzt wieder zeigen, es ist Frühling. „Er – ziehen" kannst du am besten deinen Wagen – wegziehen - wenn du ein Seil dran hängen möchtest. Das funktioniert sicher gut. So lasse doch die Finger von kleinen Kindern (unberührten Seelen) früh genug weg, um nicht Schaden anzurichten. Du merkst, da kann ich zum Elefanten werden, wenn ich heute sehe, was so mancher „Erwachsener" meint mit seinem individuellen Wesen (seinem Kind) machen zu müssen. Am besten ist wohl, sie werden nie erwachsen. Wie viele unzählige Meinungen hast du bereits deinem Kind drüber gestülpt. Nicht zu vergessen, wir sprechen davon, dass jedes Kind hochbegabt ist und phänomenale Begabungen hat, da dürfen wir einen Raum mehr dazu öffnen. Dir wird vielleicht aufgefallen sein, dass ich über diese Dinge auch in meinen vorherigen Büchern geschrieben habe. Nie genug ist darüber geschrieben, lieber Leser. Ob ich gewisse Dinge selber noch nicht verdaut habe, mag sein, das spielt keine Rolle. Erziehung ist Dummheit und bei dieser Ansicht werde ich bleiben. Eher ist es so, dass dich dein Kind bildet, nicht umgekehrt. Was versuchst du schon wieder

zu suchen in deinem Kind? Ist nur die Frage ob du das sehen möchtest. Zum Thema kurz mal, Kinder tragen die
Schmerzen der Eltern aus.

Gerade hier in Südtirol wird (unbewusst) von „klassisch
geistesgebildeten Personen" (was immer das auch heißt)
Personen und anderen Geisteswissenschaftlern versucht,
Erziehung zu gestalten. Was ist das denn? Damit kann ich
überhaupt nichts anfangen. Lieber Leser, Bildungspoliti-
ker im gesamten deutschsprachigen Raum sollten davon
wegkommen. Bildung kann nicht mit 7+6 = 13 hingestellt
werden, das ist zu billig. Das Ganze ist viel einfacher. Das
ist Mathematik und aus. Ungeordnete Ordnung ist Lebendigkeit.

Welches Kind, das natürlich aufwächst, ist daran interessiert, sich im Perfektionismus festzufahren? Mit einem
irrsinnigem Zeitaufwand werden damit Millionen Euro
verbrannt. Der Mensch funktioniert heute nicht selten wie
eine Maschine, und das in gebildeten Ländern. Erziehung
und Bildung kann nicht gemacht werden, Punkt. An dieser
Ansicht werde ich, ob hart oder weich, den Fokus und ro-
ten Faden meines Lebensweges ausbauen und mit schönen Früchten schmücken. Klinke dich ein in den Horizont
des Seins. Daran gibt's nichts zu rütteln.

Ganz abgesehen von hochbegabten Kindern, die nicht
selten als krank hingestellt werden, und das nur da irgend-

ein Idiot an Pharmabüchern festhält wie ein verschimmelter Kartoffelsack, der das spricht, was Bücher sagen, statt sein Gehirn und seinen Charakter zuzulassen. Es ist einfach an der Tagesordnung, dass Psychologen und Psychiater (allzu gerne und unbewusst) nichts anderes tun, als beim Menschen nach Problemen zu suchen. Auch nicht selten konsumieren sie persönlich Psychopharmaka und erfinden Krankheiten, die es gar nicht gibt. Fakt und Punkt! Alles schon erlebt; nicht selten zumindest laut meinen sehr langen stillen Recherchen.

Wir dürfen das auch einen „krankgeschulten" Blick nennen. Was ist gesund, was ist krank? Wer sagt das? Wer hat recht? Wer gewinnt? Wie wär`s mit weltweiter Augenhöhe generell dazu? Ich möchte mich nicht wirklich auf irgendwelche Aussagen berufen, die im Internet stehen, auch wenn ich so manche erwähne. Doch wenn ich daran denke, wie sehr der Pharmamarkt seine Interessen wälzt (vieles müsste nicht sein), teile ich nicht ungern die Meinung, dass so manche Krankheit einfach bloß Ansichtssache ist, erfunden für die Chemiekonzerne. Es darf alles und mehr klar thematisiert werden. Schließlich kann ja alles schön oder schlecht geredet werden.

Menschen in Kombination mit ihren wirtschaftlichen Interessen sind gern mit menschlichen Fehlern behaftet, wie sie in einem Gussmetallstück vorkommen können, wenn die Zusammensetzung nicht wirklich stimmt. An dieser Stelle möchte ich als Beispiel erwähnen (fällt mir gerade eben ein), dass der Erfinder von ADHS (Leon Eisenberg – laut Internet-Recherchen) vor seinem Tod persönlich gesagt hat: ADHS gibt es nicht. Was immer das auch heißt.

Wenn ich daran denke, wie viele klassische Geistesgelehrte vor lauter Wissen und Bildung zum Teil fehlinformiert sind, sinnlose Thesen verbreiten, da sie im Wissensdurst verloren gehen, stehen mir meine Haare heute nicht mehr auf, da es verschwendete Zeit ist, sich mit solchen Thematiken allzu lang, wenn überhaupt auseinanderzusetzen. Der Staat, das System, hält die Masse (mit zum Teil raffiniertesten Strategien) dumm und still, damit flächendeckende Manipulation in Stille, so quasi „keiner weiß von nichts" passieren darf. Das Fatale daran ist, in meinen Augen zumindest, dass sich dadurch die Persönlichkeit eines Menschen nicht wirklich herauskristallisieren kann. Klassisches Bildungssystem ist unterm Strich nicht wirklich für jeden gut. So nach dem Motto, den Bürger halten wir dumm und den Rest machen wir schon. Heute spreche ich auch aus persönlichen Erfahrungen heraus so.

Alles kann widerlegt und überworfen werden, klar. Was ist schon die Wahrheit? Die Frage ist und bleibt, die ich für dich an dieser Stelle wieder in den Raum werfe, dass sich unter Voraussetzungen der Gelassenheit Potenziale im Menschen entwickeln können, anderweitig eben nicht. Geschwindigkeit ist bloß schön, wenn die Bahn dazu frei ist, mit einem Sportwagen oder Flugzeug, doch sicher nicht auf das Wesen eines Menschen und deren Seelenentwicklung bezogen, billig herunterzuschrauben. Kein Mensch ist dazu gedacht, am Leben zu sein um zu funktionieren wie eine Maschine oder gar ein Computer. Ansichtssache. Für gebildete Menschen ist die virtuelle Welt schlecht, für andere ist es kein Problem. Auch dazu ist zu sagen, dass der Mensch sagt, das wäre alles so schlecht. Wie soll sich ein Kind von derartigen Projektionen mit Abstand schützen? Der „verbildete" Mensch ist oft so weit von der Essenz des Lebens entfernt, dass er mit allen Mitteln verkrampft danach sucht und zugleich auch nachhaltige Entwicklung dadurch schlecht redet.

Ich denke, wir müssen nicht allzu große philosophische Erkenntnisse in uns tragen, um zu begreifen, dass Wissen genauso eine Illusion sein kann, alles ist auch eine Illusion, Ansichtssache. Wissen ist Macht, doch Macht ist zugleich auch das, was dem Neugeborenen zum Verhängnis wird, wenn so manch Erwachsener (nicht selten auch Mediziner) das im falschen Moment missbraucht. Ich denke sehr wohl, dass sehr viele Psychologen und Eltern allzu sehr durch ihren Dialog, der in Sachen „Verziehung" entsteht, vielen Kindern eher schaden als nutzen.

Das Bildungssystem hat noch einiges an Arbeit vor sich, um intelligent und nachhaltig dienen zu dürfen. Wenn Pädagogen, also „Facharbeiter", zur Last derer werden, die erblühen sollten, denke ich mir als einfacher Mensch, dass einiges schief läuft. So mancher Pädagoge lebt fern von der Realität, die immer noch und zu häufig versucht wird, in Büchern zu finden und nachzulesen. Kein Hirn, kein Geist, keine Seele dieser Erde ist erforschbar. Das einzige, was zählt, ist: Finger weg von einem Neuling, der in eine Familie hineingeboren wird. Es ist dein Spiegel, dein Lehrer, nicht dein Kind, das du vielleicht auch noch versuchst zu besitzen.

Ob ich langweilig bin, da ich etwas geschrieben habe, dass du für dich in anderen oder ähnlichen Formen bereits gelesen hast? Das darf ja gerne sein. Doch ich denke wirklich, dass davon und in diese Richtung nie genug thematisiert ist. In diesem Sinne, halt die Ohren steif und sei achtsam, in jeder Hinsicht in all deinen Wünschen und Taten dir selbst gegenüber. Aber auch anderen Menschen gegenüber, da es ja gut möglich ist, dass sie deine Erkenntnisse noch nicht bereit sind zu teilen, und das auch nicht müssen. Es wird wohl immer so bleiben, dass nicht jeder Mensch dieser Erde bestimmt sein darf, etwas rare Zugänge zu haben, was immer das auch heißen mag.

Der Mensch und seine Dummheit, an der er festhält

Gerne, allzu gerne sind Menschen in ihren „Meinen-zu-wissen-Haltungen" festgefahren. Nicht selten meint so mancher zu wissen und scheint obendrein auch noch den Drang zu haben, sich immerfort bestätigen zu müssen. Nimm den Blickwinkel, der dir stimmig ist. Und schon ist es passiert, dass sie gar nicht erahnen, dass sie in genau diesem Moment in einer wohl unbewussten Haltung festgefahren sind und innerlich strampeln, da ja auch manchmal das Ungeduldigsein, gerade im besten Alter, wann immer das ist, eine Bremse sein kann - das Strampeln und das „Meinen-zu-Wissen".

Weg vom Polarisieren gilt auch zu diesen u. ä. Punkten. Jetzt gehts los. Diesen Impuls (weg vom Polarisieren) dürfen sie wohl immer wie den Fuß leicht am Gaspedal liegen haben, dass sie in jedem Moment durchstarten können. Bleib bei dir in deiner Ausatmung. D. h. auch bleibe auf Herzebene und du überstehst jedes „Arschloch" (Arschengel). In jedem wohnt das Gute. Wenn du vor Menschen Angst hast, ist das bloß Deine Angst, da du noch etwas zu wenig Vertrauen zur Unendlichkeit hast. Fuß am Gaspedal leicht anliegen lassen und im Ausatmen bleiben, das ist Power. Ganz innen in dir ist die Urkraft zu Hause. Die Dummheit (Unbewusstheit) und der Geist des Menschen in Kombination mit der Seele, die ja auch da ist und ihren Raum haben darf.

Die Frage ist für so manchen, wie bringe ich Knochen, Seele und Geist auf eine Höhe, dass ich jeden Moment ausgeglichen und gelassen, aber auch menschlich bleibe. Ja, auch dann, wenn die Arschengel in den Raum treten, d. h. deine heiligen Räume, sprich menschlichen Bereiche mit Aggressivität (passiert gerne unbewusst), vielmehr Neid möchte ich sagen und wohl unbewusst stören. Selbst beim größten Esoteriker durfte ich das erleben, als er in den Abgrund seiner persönlichen Schmerzen fiel.

Aufdringliche Erwartungshaltungen und Ähnliches sind für freie Geister aber wohl generell nicht wirklich von Nutzen. Für mich persönlich ist Dummheit einfach das, wenn Menschen sich mit „unwichtigen", für mich persönlich uninteressanten Dingen beschäftigen. Wie Rechnen. 1+2 = 3, finde ich eher dumm, ob ich das mal lernen werde? Solange du in deinen Nummern hängst, kommst du nicht weit. Aber es kann ja auch sein, dass ich persönlich einfach keinen Bock zu rechnen habe. Nun, wie dem auch sei. Rechnen ist nicht jedermanns Aufgabe, auch Kassieren nicht. Dazu könnte ich ja eigentlich jemanden einstellen. Und überhaupt, was ist schon Geld... Ok, darf auch so genannt werden. Einfach nach vorne und das Ganze fühlt sich leicht und locker an, wenn der Antrieb aus deinem Herzerl kommt, ist und bleibt all deinen visionären Räumen genügend Horizont am Tag. Dummheit ist, so denke ich, auch wenn du dich mit zu vielen Dingen beschäftigst, d. h. zerstreust.

Wichtig: Immer den leichten, lockeren Faden vor Augen behalten und weiter gehts. Dummheit ist, in meine Sprache übersetzt, auch Festgefahrenheit. Fuß locker am Gas und nach vorne, lass dich niemals beirren und irritieren. Die Bilder und Gefühle auch deiner Vision sind Fakten und deine ganz persönliche Wahrheit, bleib dran. Gib dir freie Bahn und heb ab, schenk deinen Flügeln Raum. Das Ganze immer im Kontakt mit der Erde. Lass dich tragen. Alles, was du selber brauchst, um selbst deine „Dummheit" (Grenzen) abzubauen, ist u. a. die Liebe zu dir selbst.

Als dumm bezeichne ich auch, wenn sich Menschen zu „wichtigen" Geschäftsgesprächen treffen. Wichtig? Da gibt es nichts. Demut hat in jedem Geschäft, das nachhaltig sein darf, Vorrang. Wichtig ist bloß, dass du dir treu bleibst und menschliche Ebenen weiter zulässt. In jeder Hinsicht. Ob Geschäft, Freunde oder privat. Dumm (wenig weise) ist aber, das sei an dieser Stelle wiederholt, die Idee, dass du etwas besitzen könntest. Das geht nicht wirklich, nicht mal deine Knochen kannst du besitzen.

In der Aufarbeitung deiner Schmerzen aus der Ursprungsfamilie gib dir Zeit. Dummheit ist auch eine Scheinwelt, eine Bequemlichkeit, das sei immer wieder erwähnt. Die äußerlichen Fassaden. Hast du`s noch nicht gemacht? Na, dann gib mal deinen schönen Sportwagen und alle deine Häuser von Neuem nach innen und es geht gleich wieder neu und frisch los. Du darfst ja auch gerne was verschenken, so ists ja nicht. Fuß am Gaspedal leicht liegen lassen, ausatmen und los. Ohne Neid, Gier oder andere Bremsen.

Schlechtes Gewissen? Schmeiß das raus und versuch mal unterwürfigen, funktionierenden Menschen kein Ohr mehr zu schenken. Locker, leicht. Lass dich tragen von höheren, liebevolleren Ebenen. Die Essenz der Geschichte ist, traue dummen Menschen nicht. Lass dich nie voreilig beeinflussen. Bleib dennoch humorvoll. Wie kann ich das erkennen? Ja, siehst du, auch das Kreative darf Platz finden, gib dem Raum, lasse es raus. Dummheit. Damit meine ich auch Menschen, die ihr Leben lang dasselbe tun und dadurch hängen bleiben, keinen Antrieb mehr entwickeln. Denke von Liebe getragen an ihre Festgefahrenheit, doch lass sie nicht zu nahe an dich heran. Auch Dummheit ist ein Wert, der konstruktiv beleuchtet werden darf. Alles ist und darf sein. Wer versteht was, was ist was? Ist es nicht die höchste Kunst nicht zu werten und eben einfach das zu tun, was du gerne tust? Tu´s – jetzt! Jetzt geh ran. Und immer klar und deutlich sprechen, sodass dich der Durchschnittsbürger versteht. Das ist schon mal ein erster Schritt auch für dich, der dich nichts kostet. Weißt du was, ich geh jetzt zum Mittagstisch, deshalb kommt der Punkt etwas näher. Frische Auberginen, leicht in Öl angebraten dürfen heute genossen werden. Sonst noch was? Leicht und locker auch das Essen, das dir dabei hilft, in höhere Ebenen einzutreten. In diesem Sinne wünsche ich dir nur das Beste und Spaß bei deiner Reflexion zu diesen Texten. Etwas ist doch immer dabei, nimms dir einfach raus. Fein, klein, kantig und klar.

Wie ist es doch schön, nach vorne zu gehen

Wie ist es doch schön, nach vorne zu gehen, immer wieder von Neuem. Anhalten, ausatmen, durchstarten, einfach nach vorne gehen. Ich denke, nach vorne gehen heißt auch, den Weg gehen, der deiner ist, dein persönlicher Weg, einfach dein innigster. Was ist schwierig, was ist einfach? Gehen und tun lautet die Devise, ob du willst oder nicht. Es tut dich keiner, außer du dich selbst. Nach vorne gehen heißt sicher auch, viele alte Gewohnheiten aufgeben, liegen lassen, fallen lassen. Nach vorne gehen heißt ebenfalls weghören und dennoch zuhören, still hören und zeitgleich gehen.

Wenn du still hörst, wo dein Gegenüber innen steht, tust du dich leichter zu gehen. Sein, gehen, stehen, alles im selben Moment. Alles zeitgleich, zeitnah und einfach bloß jetzt. Oder wo denkst du, dass Leben stattfinden sollte? Gestern geht nicht, morgen geht nicht, also bleibt nur jetzt und heute. Punkt und aus die Maus.

Nach vorne gehen heißt auch Mut zu haben. Konkrete Entscheidungen zu treffen, die anderen nicht verständlich sein mögen, die aber für dich stimmig und klar sind. Jede kleine Unsicherheit ist eine kleine oder gar alte Angst. Sehr spezielle Wege geben noch eine Spur an Einzigartigkeit dazu. Deshalb lass dich nicht rausbringen und geh gerade, klar und tapfer weiter, auch wenn du das Gefühl hast, nicht verstanden zu werden, was ja leicht möglich ist, wenn du wie gehabt einen sehr persönlichen Weg gehst.

Liebe ist Energie, Liebe ist Leben, Liebe ist Vitalität. Damit kommst du nach vorne, nur mit Liebe. Auch wenn das manchmal so scheint, als wärst du nicht lieb genug für den Rest deiner dir nächsten Menschen, da du einfach deinen Weg gehst. Sicher ist das nach vorne gehen auch damit verbunden, dass du nicht immer das Gaspedal durchdrückst und gelassen in deinem Vertrauen deinen Weg weitergehst. Hast du schon mal daran gedacht, selber ein Buch zu schreiben? Einfach als Erzählung Wortlaute niederzuschreiben, dass du auch deine Gefühle loswirst und damit einfach auch einen Teil von dir löst und hinter dir lässt? Es gibt kein Rezept, das dich trägt. Das musst du selber herausfinden. Wichtig ist, dass du Erde unter den Füßen trägst oder gegebenenfalls Wasser unterm Kiel ist, wenn du auf einem Boot unterwegs bist. Was musst du tun, dass es dich nach vorne trägt?

Altenheime und ihre versteckten Tücken

Altenheime sind Wohnmöglichkeiten, die für Menschen gedacht sind, die entweder nicht mehr umbauen wollten zu Hause, die einfach pflegebedürftig sind oder nach einem Unfall diese Möglichkeit nutzen, um gut versorgt zu sein, nahe bei den Verwandten, je nach Wunsch. Wohnmöglichkeiten, in denen Menschen wohl im letzten Lebensabschnitt sind, bevor sie ihre Gebeine abgeben und je nach persönlicher Ebene an das nächste Leben glauben, um im Fortleben, das bestimmt kommt, Gelassenheit und Genugtuung zu finden.

Fortleben finden in Altenheimen, das ist wohl die Aufgabe, die jeder für sich haben darf, wenn er möchte. Frieden zu schaffen, zu beten zu all jenen, mit denen noch eine „Rechnung" offen ist, die sogenannte „Ich-vergeb-dir-Rechnung". Im Gebet steckt die stärkste Kraft der Erlösung zu sich selbst, zum Kosmos, zur Welt. Zum Vergeben brauchst du kein Geld. Wohnheime, in die Menschen gehen, manche bald, manche später. Einige leben noch lange dort, wohl gerade auch deshalb, da sie etwas länger brauchen, um all die Lasten loszulassen, würden die dem Leben Schmerzen bereiten, ob physischer oder psychischer Natur. Wohnmöglichkeiten, in denen verschiedenen Menschen leben, ob Pflegepersonal, Verwaltungsassistenten oder die obersten Direktoren dieser Geschäftsmodelle, die dem Zweck der Allgemeinheit dienen.

Was könnte hier besser gemacht werden, diese Frage stellt sich mir immer wieder. Zurzeit bin ich ja selbst dort und helfe etwas aus. Gerne nenne ich das „zu Besuch sein", was die Dirigentin etwas nervt. Etwas grundlos... Ja, die Formen prägen so wie festgefahrene Lebenserfahrungen, vor allem dann, wenn es nur mehr das in der Mitte des Lebens zu geben scheint. Formen und festgefahrene Erfahrungen, intrazelluläre Informationen, die sozusagen frieren, sind wie Steine im Geist, die schwierig zu verräumen sind, wenn nicht immer wieder eine sanfte Selbstreflexion in den Raum treten darf, die dazu dient, maximal die Essenz als feinen dünnen Sauerstofffaden fließen zu lassen. Eine ganz neutrale Haltung immer wieder von Neuem anzunehmen, das ist die Aufgabe, die es für mich persönlich immer wieder zu verfeinern gilt. Gerade dann, wenn extrem festgefahrene Geschäftsmodelle im Nein sagen, kollabieren und somit der Bequemlichkeit der Seele Raum geben, die danach kräht, immer wieder neu zu erschaffen werden.

Nicht wenige der Pflegekräfte bewegen sich unbewusst auch in Unterwürfigkeitsmodellen, die sie von zu Hause mitgebracht haben, da zu viel des Guten an Erziehung anklang. Unbewusst und leise schleichen diese Ebenen durch die Gänge, in denen Menschen die letzte Ruhe suchen, die Vorbereitung zum Gehen. Wie könnten solche Ansichten gelöst werden, um das nahestehende Paradies der Ewigkeit in Räumen von gehenden Menschen besser zu fördern?

Was tun, wenn nonverbale Weisheit nicht wirklich Früchte bringt, da „weltkriegsgeformte" Betreuer bzw. Verantwortliche das Sagen haben und dies nicht wissend in solche Häuser integrieren. Was tun, wenn „gebildete" Menschen auch in solchen Modellen das Essenziellste vergessen? Wenn sie mit sich spielen lassen und sich in destruktiven Geistesebenen bewegen und den Menschen nicht den Beistand geben, den sie wirklich bräuchten? Was ist das Essenziellste wirklich? Kann das so einfach und natürlich ausgedrückt werden? Ist es bloß Einfachheit? Darüber ließe sich lange diskutierten, doch wenn „Bildung" alles das zudeckt, was wirklich gebraucht wird, sind wir wohl weit ab von dem, was sich Zukunft im Jetzt nennt. Es braucht Charakterstärke und Selbstdisziplin, um sich feinstofflichen Spielen nicht zu unterwerfen.

Wir alle haben so unsere Ängste. Aber Verantwortliche, die angesammelte Ängste oder gar noch Kindheitstraumen mit in die Betriebsführung einfließen lassen, das geht schon mal gar nicht. Wie, wer, wo, was hat recht? Es ist alles ganz einfach. Entweder du verbindest dich mit unendlicher, wohlwollender Liebe oder eben nicht.

Auch kein Wunder, wenn zu wenig in Sachen Wesensbildung investiert wird und dieser Punkt eher noch als lächerlich empfunden wird, und das in Häusern, in denen Menschen betreut werden. Wie darf der Gast der Zukunft in Altenheimen aussehen? Wenn Bildung den Menschen zum Deppen macht, z. B. ein erfahrener Psychologe alles als schwierig betrachtet und Probleme sieht, wo es keine gibt, so was nenne ich zum Beispiel Verbildung. Es ist auch so, dass in klassischen Persönlichkeitsbildungen der Schritt zu höheren Ebenen nicht unbedingt einfach zu schaffen ist, da diese oft von Trübheit geprägt sind. Auch hier gibt es die Tendenz, dass solche von festgefahrenen, unauthentischen Klassikern geleitet werden, die irgendwas Nachgeschwätztes von sich geben und so zu einem Loch des Sinnlosen werden. „Alte Altenheime".

Auch wenn bei so manchem Bau schöne freie Architektur mit einfließt, braucht es noch einige Zeit, bis auch die zu nahe an den Kriegen geborenen Menschen gehen, gehen dürfen. Somit wird automatisch das Modell von alleine erneuert. Alte Seelenfassaden fallen, es formen sich neue. Freie Wesenheiten werden Einzug finden, Freidenker, lockere Menschen, die geboren sind im Bewusstsein, dieser Erde wieder das zurückzubringen, was in keinem der noch so hoch entwickelten Schulbücher zu finden ist. Das ist Einfachheit, kurz gesagt.

Festgefahrenheit ist immer wieder zu erkennen an Menschen, die wohl zu überzeugend einen Betrieb zu leiten versuchen. Nicht immer eine einfache Aufgabe. Das Fatale daran ist, dass aus unbewusster Bequemlichkeit manch einer nicht mehr wirklich erfährt, dass sein „Modell", das er vertritt, hinter dem er sich versteckt, wohl veraltet ist und so zeitgleich nicht mehr wirklich vital räsoniert und sich somit auf den gesamten Apparat auswirkt. Leicht kritisiert, einfach gesagt.

Natürlich ist es immer wieder so, das ich als Seher, Mentalist, Querdenker, andersherum denke, nenne es, wie du magst. Vor allem aber möchte ich nichts mehr teilen, was festgefahren ist und polarisiert, um meine neutralen, unverbindlichen Ansichten nicht zu beeinflussen. In Absprachen, in denen versucht wird, etwas nach vorne zu bringen, doch diese vom Ansatz her destruktiv aufgebaut sind, denen ist es genauso sinnlos zu folgen. Das Beste ist wohl, wenn du dabei aufstehst, dich höflich bedankst und den Raum dennoch wertschätzend verlässt. Wenn Menschen ihre störenden, festgefahrenen Ansichten nicht begreifen und an dir suchen, so sage es ihnen liebevoll. Es kann nur Nachhaltigkeit entstehen, egal in welcher Branche, wenn u. a. hohe Wertschätzung im Zentrum der Gespräche ist. Altenheime und ihre Tücken.

Der Südtiroler Wahlkampf

Das „heilige" Land Südtirol, Berge, Tradition, Speck, gefüllte Teigtaschen. Auch kulinarisch einen Besuch wert, das werte Südtirol. Wer nicht Südtiroler ist, kommt nach Südtirol, sollte er das in touristischen Werbeanzeigen finden. Das weltbekannte Südtirol vermarktet wie der bekannte Rummelpark am Gardasee, das sogenannte Gardaland. Geprägt von Weltkriegen, die sich zwischen den Bergen ereignet haben, festgefahren in verwurzelter Tradition, auf einer Kommunikationsebene stehen geblieben, die sich in so manchem Geiste nie wirklich entwickelt hat.

Der Wahlkampf 2018 in Südtirol erfüllt auch mein Herz, denn es zeigt sich ein Partei-Mann, der sich von Weisheit und herzerfüllt diesen Herausforderungen mit wohl göttlicher Gelassenheit stellt. Dieser Mann etabliert eine Sprache, die der Mensch sucht und heute umso mehr braucht: eine Sprache, die Gerechtigkeit spricht. Der Inhalt ist in diesem Moment nebensächlich, es sind andere Ebenen, die durch die Sprache fließen, die die Menschen erreichen.

Wie vom Winde verweht verschwinden Parteien vom Tisch, die im Kern einen rechtsradikalen Punkt trugen und mit für mich wertloser Thematik über viele Jahre vom Volk Stimmen erkauften. Parteien, die jetzt bröckeln. Es ist die Ebene göttlichster Sprache, wenn wir das so nennen möchten, die jetzt einem Mann der politischen Wende die Power schenkt, das zu tun. Ein Unternehmer einer Bozner Familie, dessen Vater bekannt ist als Arzt, bekam diese Gnade in sein Herz gelegt, das zu tun, was der politischen Welt in Südtirol Heilung schenkt, wenn wir das mal so nennen darf. Kürzlich saßen wir zusammen im Café, als wären wir seelenverwandt - so fühlte sich das an.

Ich wurde nicht darum gebeten, Unterstützung zu geben. Doch ich hatte das leise Gefühl, das tun zu müssen. Es fühlte sich an, wie bei einem Seelenbruder zu sitzen. Ich habe ihn gestützt. Die Masken bröckeln, alte Panzer werden zu Schutt und Asche, die Panzer, die in Geistern wohnen. Jeder Mensch darf immer wieder an seinen Seelenschleiern arbeiten, an seiner Selbstreflexion. Doch was wohl weltweit nicht mehr greift, ist, dass „inhaltslose" Politik bröckelt.

Was ist für dich inhaltslose Politik? All die Menschen, die mit Weisheit und von innen her in göttlicher Liebe mitgehen, werden die Menschen sein, die am Ball bleiben und nicht in schattigen, politischen Wörtern verbleiben. Was soll der Bürger annehmen, desorientiert in dem manipulativem, politischem Treiben? Wie lange der Kirchenapparat wohl noch sein Unwesen treibt und den Bürger in altbarocken Riten verarscht? Wohl eine der legalsten Sekten weltweit in ihren Bräuchen und Handlungen, keine Frage.

Wie soll jemand, der sich nicht bewusst ist, dass er im Bewusstsein stehen bleibt, begreifen, dass die Politik auch nicht weiter ist, sondern immer wieder am Nagen alter Themen hängen bleibt und daran nagt, wie eine Maus an einem Apfel, sinnlos und vollgefressen in schwarzen Anzügen für den Bürger „spricht".

Hellseherei, Hokuspokus oder was Wahres dran?

Aus der Sicht des dritten Auges entstehen die Texte, all mein Tun beruht darauf. Manchmal muss ich hart durchgreifen, um auch nicht in gewisse Gespräche einzusteigen, deren Schmerz nicht zu teilen, einfach zum Selbstschutz. Rede bloß nach Anfrage und sei niemals aufdringlich. Fakt ist, dass Südtirol noch eine Weile brauchen wird, um den Prozess des Wandels erst mal anzunehmen und die Kriege nicht mehr unbewusst einbaut. Und dass der Bauer am Hof sich öffnet und zu allen Themen Mut findet, allem voran, wenn es darum geht, seine eigene Familie nach vorne zu tragen.

Es wird noch ca. zehn Jahr dauern, bis wirklich alle Weltkriegsprojektion nicht mehr mit einfließt in die Inhalte der Südtirol-Politik. Dann hängt es davon ab, welche Themen jeden einzelnen Politiker im Herzen bewegen. Alles auch Menschensache, verschiedene Interessen. Südtirol, seine Berge, wie das ein Land prägt, ist doch wirklich hart. Heute noch werden zu viele Themen unter den Tisch gekehrt, wollen nicht wahrgehabt werden, oberflächlich lächerlich gemacht. Liebloses, hartes Aufwachsen für so manchen mitten in den Bergen. Sich zugestehen, dass es einfach weit mehr gibt, als das Auge zu erfassen mag.

Heute noch wird daraus gesprochen, aus dem Unterbewusstsein Sprache direkt in das Bewusstsein hinein gesprochen, wenn wir das mal so nennen möchten. Seelen in Knochen und Haut verpackt sind nichts selten das Wrack alter Zeiten. Warum die Weltkriegsmasken bröckeln. Von Tag zu Tag entfernt sich das Datum. Menschen gehen, sie sterben jetzt weg und dürfen in das für immer schmerzfreie Reich eintreten. In hohen Verwaltungsstellen nehmen dadurch immer weniger Menschen Platz, die das Weltkriegsbewusstsein in sich tragen. Wegweiser werden all jene, die dazu beitragen, Geschichte nicht zu teilen. Einfach „Danke, Geschichte" sagen. Schmerzvolle Ebenen gehen. Dir ist das nicht begreiflich? Teile einfach liebevolle Sprache, kreative vitale Gedanken, allen Rest lass fallen wie eine Feder im Wind.

Persönlich arbeite ich daran, Themen von Welt u. a. mit unserer werten Volksanwältin in die Umsetzung zu bekommen. Vieles ist zu politisch gesteuert und zum Schluss versteckt sich auch unsere Volksanwältin hinter den Fassaden der Politik. Kurzum eine weltoffene Volksanwältin, die auch nur einen Termin nach dem anderen wahrnehmen kann. Ich habe sie eingeladen, zu Themen wie „die Spiele der Pharmalobby" mit den sozialen Einrichtungen und Ähnlichem im RAI-TV zu sitzen. Ob das kommt, welcher Sender dazu mitspielen möchte, das ist die Frage, die ich schön gelassen und in meiner Herzensliebe weiter trage. Auch persönlich ist die reine Intuition die Nummer eins, die auch mich persönlich immer weiter trägt in die Umsetzung meiner Visionen. Als Autor und Medium all die Essenzen und Frequenzen weiterträgt und Menschen bewegt.

Das Wohnen im Haus der Schwieger-mutter

Igitt, igitt…..Ja, wenn wir das alles zusammenzählen, irgendwie auf einen Punkt bekommen möchten, sind das fünf Weibchen und zwei Männer. Pumuckl, der Kater und ich sind natürlich das Feinste vom Ei. Pumuckl ist inzwischen ausgezogen und hat sich beim Nachbarn sein Nest gebaut. Ein feines Miau, das kann nur Pumuckl sein, der am Fenster und jetzt grad im Winter leise Miau sagt. Bitte lasst mich rein, draußen ist mir kalt und der Tag neigt sich, sagt Pumuckl. Okay, manchmal sage ich „Ja, nun komm. Geh in deinen Keller, auch wenn der Abend noch etwas früh ist, geh runter." Kack, alte Riten, dieses „Tiere-in-den-Keller-tragen-im-Winter". Sein geliebtes, gewohntes Plätzchen, der Heizraum. Ich würde nicht mal besoffen dort schlafen mögen. Doch meines Wissens sitzen Katzen generell gern auf Wasseradern. Katzentoilette mit dabei, und dann geht das schon. Pumuckl und seine Toilette im Heizraum des Schwiegermutter-Hauses. So was!

Dasselbe gilt für Maia, die Katze in Weiß, mit wenigen braunen Stellen am Fell. Die Nase am liebsten Schwarz gefärbt, da diese ja überall drinnen stecken muss. Zwar nicht so sehr wie bei Hunden, aber immerhin reicht es, um eine schwarze Kontur zu haben um die kleine zarte Nase, die eigentlich zum Riechen gedacht ist und nicht zum Reinigen irgendwelcher Röhren. Die weiße Katze Maia und Pumuckl wohnen im Winter, wenn es draußen bis zu 20 Grad minus misst, im Heizraum mit etwas Stroh in einem Karton und mit Wasser, sollte der Durst das Schlafen unterbrechen. Maia, Pumuckl und der Heizraum, wunderbar. Welch eine Freude, dass es diesen Platz gibt für die zwei Katzen.

In Kürze schreiben wir den 24.12.2018 und somit ist bald wieder ein Kalenderjahr um. Das ändert nichts daran, dass unsere Miauzer im Keller schlafen. Ich sag's euch, wie es ist. Ich mag Pumi lieber, der miaut einfach liebevoller. Bei Maia ist das Miauen eine Klage, als bräche gleich der ganze Himmel samt einigen Planeten runter auf ihren Kopf. Katastrophe? Ist das einfach so, da es ein Weibchen ist? Männer? Keine Ahnung, ich mag's einfach nicht so wirklich.

Nun, das Wohnen bei Schwiegermutter? Möchtet ihr wirklich, dass ich etwas dazu sage aus meiner Sicht? Bist du sicher? Jedenfalls haben wir auch noch zwei Hunde, also das wären dann zwei von den fünf Damen, von denen ich schon erzählt habe. Zwei im Hundekörper, eines im Katzenkörper und zwei auf zwei Beinen. Schwiegermutter und eine ihrer drei Töchter. Ja, Leute. Was das Ganze mit Hellseherei zu tun hat?

Na ja, ich kann doch nicht immer vom Selben sprechen. Drittes Auge und so. Meditation und Yoga. In die Mitte, denke ich wohl, bringt dich auch das Lesen meiner Lebensauszüge. Intuition, das Schreiben, wie auch dieses Kapitel hier, ist doch ebenfalls ein sehr spannender Moment, da ich ihr ja nicht wirklich sagen kann, was ich tue, was ich schreibe. Auch wenn ich wünschte, sie würde das verstehen. Was soll's, so laufe ich halt immer etwas für mich inkognito herum, verstecke meinen Seher, der in mir steckt. Doch er entfaltet sich, ob ich möchte oder nicht.

In Kürze habe ich ein Treffen mit dem Marketingmann eines Stromriesen. Ob der mein Produkt kaufen möchte? Das wäre natürlich eine wunderbare Sache, einen schönen Vertrag einzufahren in Kürze; ich wünsch es mir. Unverbindlich und locker werde ich den Herrn unter vier Augen treffen. Immer schön locker bleiben heißt's unter Männern. Der Punkt ist der, dass sich große Konzerne viel Geld ersparen würden, würden sie einen Mentalisten einbauen. Würde doch jeder machen. Lieber mal €80.000 investieren und dafür einige Euromillionen ersparen. Würde ich jedenfalls tun, keine Frage.

Wir werden sehen, für was ich bestimmt bin. Das Haus der Schwiegermutter und die Geheimnisse, die sich darin verbergen. Es ist echt schrecklich zum Teil. Warum? Ja, da sich hier einige Generationen und dessen Rückstände spiegeln. Das heißt nicht wenig gestauter Müll, einfach Dinge, die nie entsorgt wurden. Ich werd`s schaffen und drüber schauen. Okay. Das dritte Auge, die Intuition, das gibt Freude dem zu folgen, dem Herzensimpuls zu folgen, eine wunderbare Sache. Wie könnte ich dir das näher bringen. Okay, ich geb`s zu: Möglich ist auch, dass ich das

Ganze hier nicht wirklich gern annehmen möchte. Ich stell mir einfach ein lichtvolleres Haus vor für mich. Schlicht, einfach, sauber und alles in Holz. Mitten in der Natur, wo es auch keinen Nachbarn gibt.

Als ich unter der Leichenkapelle schlief

Nun, es ist eine Zeit her, seitdem ich unter der Leichenkapelle schlief. Dennoch denke ich, ist es diese Zeit wert, einige Zeilen darüber zu verfassen. Die Leichenkapelle, ziemlich genau ein Stockwerk darunter und das genau am selben Platz, ist – oder war - der nicht wirklich legale Ruheraum, den die Angestellten des Trägerdienstes zum Teil nutzten, um dort die Nacht zu verbringen.

Ob das heute noch so eine unklare Sache ist? Nicht gut für Angestellte, Entweder-oder, sage ich gern. Wenn kein Notfall mit dem Notarzt in der Ersten Hilfe ankam, keine OP einberufen wurde oder einfach ein Pfleger in einer Station Unterstützung brauchte, hatte der Trägerdienst des Nachtdienstes nicht wirklich etwas zu tun, außer da zu sein. Nachts, wenn alles ruhig wurde, auch in der Ersten Hilfe Ruhe einkehrte, begab ich mich, wie so mancher andere auch, in diesen nicht offiziellen Raum, um etwas die Füße auszustrecken, in der Hoffnung, dass wohl das Schnurlos-Telefon ruhig blieb und keiner etwas brauchte im „Häuslein" nahe des Brennerpasses, der nach Nordtirol verbindet und somit in den Norden des Alpenhauptkammes führt.

Ich sag bloß leise und sanft, Kindergarten auch vom Feinsten in diesem Betrieb, zu gewissen „Regelungen" in gewissen Punkten. Kurzum, kommen wir doch der ganzen Sache etwas näher, in die Mystik der Nacht, die ein Krankenträger im Krankenhaus verbringen darf. Leere Gänge mit Neonlicht konnten schon etwas gruselig wirken. Freie nackte alte Stühle vor den Arztambulatorien, die nachts natürlich nicht besetzt waren. Uralte, quadratisch gemusterte Plastikböden; pfui, jede Menge Müll, der schon lange auf den Müll gehören würde. Der Mensch braucht wärmere Fassaden und Räume, um sich geborgen zu fühlen. Und wenn es sich bloß um eine vorbeugende Visite handelt. Warme Räume und menschliche Mediziner sind die Zukunft, aller Rest hat keinen Halt, verschwindet von selbst. Wobei an dieser Stelle wiederum gesagt sei: gesunder Darm, gesunder Mensch.

Die erste Leiche, die ich in den Leichenraum bringen durfte, war ein kleines Kind. Die Kinderstation rief mich an und sagte mir das Zimmer durch, in der das kleine, etwa zwei Monate alte Baby lag. Hmmmm…, dachte ich, na ja, nicht gerade etwas Alltägliches, besonders wenn es das erste Mal ist, dass du ein kleines Engelein, das das Atmen etwas früh losließ, in die Leichenkammer bringen musst. Als ich unter der Leichenkapelle schlief, das war eine mystische Zeit, eine Zwischenstation auf dem Weg des persönlichen Werdens. Im Sommer krochen über einen Lüftungskanal, der durch ein Fenster Frischluftzufuhr ermöglichte, schöne schwarze fette Spinnen über dieses Fenster hinein.

Jetzt sitze ich hier mit Ausblick auf die Dreifingerspitze in Olang, am Schreiben meines dritten Buches; schneebedeckte Berge sind in gerader Linie vor mir. Im hinteren

Arntal, in Südtirol, hat der Schneeengel knappe zwei Meter Schnee gebracht, das Arntal liegt nicht weit von Olang. Na ja, aber auch Engel schmücken das Zimmer, in dem ich schreibe, die kleinen Engel, vermutlich aus Holz, die ich aus dem Ort des heiligen Franziskus mitgebracht habe. Wie hieß die Ortschaft gleich noch mal? Vor lauter Engel im Raum fällt's mir grad nicht ein. Engel aus der Quelle von Franziskus. Kurzum, es ist der Ausgangspunkt, der ein idealer Start ist, um den Weg des Heiligen Franziskus zu beginnen. Sanfte Hügel mit Nadel- und Laubwald schmücken die Gegend, schirmen den Weg, an dem sich Menschen meditierend nach Assisi begeben und die wohl auch wie Franziskus damals u. a. dem Zwitschern der Vögel lauschen. Von der Kinderleiche zum Franziskusweg, welch eine wunderbare Verbindung das ist, Ewigkeit zu Heiligkeit.

Als ich das Kind abholte, war ich neugierig auf den Gesichtsausdruck und nahm somit kurz das weiße Tuch vom Gesicht des Kleinen. Ich war überrascht und ich muss sagen, dass es sehr glücklich strahlte, obwohl es sich entschlossen hatte, nicht mehr zu atmen. Was das Kleine den Eltern wohl sagen wollte? Keine Ahnung, ich ließ mich nicht weiter darauf ein. Allein die Tatsache, dass es mir einen glücklichen Impuls schenkte, war durchaus positiv. Ich brachte es die zwei Stockwerke tiefer. Der Trägerdienst, der die Nacht arbeitete, musste am Morgen auch, falls besetzt, die Leichenkapelle besuchen, um zu schauen, dass die Dokumentation, die in der Ersten Hilfe auflag, auch richtig war. Eher sinnlos, die Pfleger gingen ja sowieso auch dahin. Na ja, die Zeit hatten wir ja. Es werden wohl auch in anderen Sparten sinnlose Arbeiten durchgeführt. Für meinen Geschmack sinnlose Arbeiten wohlgemerkt. Kurzum, deren Angelegenheit.

Ich kann es nicht lassen zu sehen, zu verstehen, mein Weg, mein Job, meine Berufung. Ja, das ist mein Weg, was dabei herauskommt….? Diese Frage versuche ich mir von Tag zu Tag weniger zu stellen und einfach weiterzutun. Ich folge meiner Herzensstimme. Keine Ahnung, ich lass mich tragen, von Wind und Wetter, von Sonne und Sturm. Wen interessiert`s auch schon? Manche Menschen starben schnell, als sie ins Krankenhaus kamen, andere wiederum starben durch schlimme Unfälle und kamen mit dem Tubus im Mund, doch schon tot in der Ersten Hilfe mit dem Notarzt an. Sie starben sozusagen während des Abladens vom Notarztwagen auf dem Weg in den Erste-Hilfe-Raum. Die Farbe des Körpers sah noch wie lebendig aus. Was willst du machen?

Ich habe die Menschen dann immer gesegnet, zumindest tat ich so, als ob. Nicht wenige Menschen entschieden sich leider aus einer Entladung heraus (das Loslassen vieler Schmerzen auf einmal), wenn wir das mal so nennen wollen, durch einen Unfall zu gehen. Es war nicht immer angenehm, Leichen zu Gesicht zu bekommen, vor allem dann, wenn es sehr junge Menschen waren und wenn der Notarzt, den du auch noch gerne als Mensch magst, keine Möglichkeit mehr hatte, ihn zu retten.

Ja, ja, so ist das, wenn der oben spricht oder eben Menschen wohl zu wenig auf sich persönlich hören. Unfälle kommen nicht von ungefähr. Gestern las ich kurz mal wieder im Buch von Lorna Byrne. Die Rede war von Seelenbesetzungen. Persönlich denke ich, hat jeder mehr oder weniger von uns so seine, nennen wir es ganz einfach Wehwehchen. Wenn jede Seele ein ideales Umfeld hat, sich so zu entwickeln wie sie möchte, ist doch alles kein Problem.

Man muss aber schon mit äußerster Disziplin an sich persönlich arbeiten, um sich fernzuhalten von störenden Wesen und Orten. Du darfst nicht vergessen, dass jeder, auch du, medial begabt ist und deshalb bestimmte Grenzen von Nöten sind. Damit meine ich, dass es viel besser wäre, immer wieder und jeden Tag neu auf die Gefühle deines Herzens zu hören und denen nachzugehen, wenn das auch manchmal hart ist. Entladungen kommen immer dann, wenn Menschen zu lange ihren persönlichen Gefühlen gegenüber untreu sind und bleiben. Diese Gefühle stauen sich dann über Jahrzehnte an.

Meinen ganz braven, traditionell vorbildlichen Bruder darf ich höflicherweise zu solchen Vögeln zählen, die zwitschern zwar, doch für mich persönlich manchmal mit zu wenig Lebendigkeit. Der werte Herr, der heute (10.1.2019) auch noch 47 wird, teilt immer noch mit aller Gewalt im Erbprozess alte intrazelluläre Haltungen (meine ich zu wissen) und meint damit zu dienen. Auf der einen Seite befriedigt er sich gerne mit Gourmettellern in verschiedenen Restaurants. Und auf der anderen Seite spricht er wie ein alter Mann, der das Gourmet nicht lebendig nimmt. Zumindest zeigt sich die Disziplin zu sich selbst nicht so, dass er in Konversationen neutral bleibt und seine persönlichen Wehwehchen nicht anderen überstülpt. Ob diese Gourmetteller ein Ersatz sind, um Wahrheit zu verdrängen? Das kann leicht möglich sein, andere verlieren sich beim Einkauf von Schuhen oder sammeln Sportwagen in allen Farben, kaufen für €20.000 schnell mal beim Designer ein. Dass er sich bloß nicht verschuldet mit der Gourmetgewohnheit.

Festgefahrenheit im Geiste kann fatale Auswirkungen haben. Es blockiert Seilbahnen, ganze Nationen in seiner politischen Weisheit, wenn der Bezug zur geistigen Welt lächerlich gemacht oder einfach nicht respektiert wird. Wir haben hier in den Bergen von Südtirol vermehrt solche festgefahrene Geister, Menschen ohne Zugang zu Horizont oder brauchbare Empathie auf respektvoller wertschätzender Ebene, da nicht nur die Berge unbewegliche Charakterzüge hervorbringen, sondern auch gewisse Entwicklungen nie sichtbar werden, wenn die kleine Welt am Berg hängenbleibt. Wenn der Horizont nie zu einem wirklichen wird, zu viele Themen unterdrückt werden, leidet so manch einer sehr lange, bis er eben dann gehen darf und in Liebe für immer ohne Schmerzen leben darf.

Als ich unter der Leichenkapelle schlief, ahnte ich bereits meinen wohl lang verdrängten Weg. Heute ist dieser etwas konkreter in klarer Form bereits gefasst. Auch hier und immer wieder sei erwähnt, bleib deinen Gefühlen treu, solange du jetzt und hier atmest. Niemand hat wirklich das Recht, dir deine Gefühle zu nehmen, deinen Weg zu verbauen, oder diese gar zu manipulieren. Abschließend für diese einfachen Worte zu diesem Kapitel nimm deinen Zeigefinger, fahr an das dritte Auge und massiere es. Vielleicht kannst du alle Gedanken wegmassieren, „wegzaubern", neutralisieren, gedankenfrei sein…

Das Seilbahnphänomen - ein Lernmodell für die Welt?

Die Welt hat Verlangen nach höheren liebevolleren Schwingungen, ob auf Technik projiziert oder auf Immobilien. Egal wessen Weg du gehst, ohne liebevolle Gesamtharmonie läuft nichts mehr auf dieser Erde, die Betonung liegt bei nichts, mit oder ohne Technik. Menschen mit tiefem Bewusstsein, tiefen, also unehrlichen Resonanzen werden scheitern, ob wirtschaftlich oder privat. Wenn du diese feinfühligen Schwingungen nicht respektierst oder eben meinst, das wäre alles egal, kann es schon sein, dass es über kurz oder lang zu Reibungen kommen wird in deinem Betrieb, im Privatleben oder wo auch immer. Liebevoll sein heißt das Rezept und eine gute Balance haben zwischen Geist und Materie. Wenn also zum Beispiel ein Millionär diese Aspekte schon seit Längerem nicht respektiert, dann knallt's ohnehin früher oder später bei ihm. Ein pragmatisches, knallhartes Geschäft nimmt keine unkreativen, unlebendigen Seelen mehr wahr für das Weiterkommen.

Die Seilbahn am Beginn des Passeiertales stand wie aus Geisterhand ca. 8 Jahre lang immer wieder still, ohne dass der Fehler gefunden werden konnte. Ob dieses Seilbahn-Phänomen die Räume mit Respekt wahrhaben möchte? Ich glaube noch sind die nicht so weit, die werten Herren. Dort habe ich mich unverbindlich zeigen dürfen und ein kurzes TV- Interview gegeben, das war 2018. Jetzt steht die Welt. Und für mich sehr auffallend der Raum Meran Passeier einmal mehr. Heute im Mantel von CV19. Wahrgenommen wurde nicht wirklich, was ich in die Kamera sprach. Der Bürgermeister hat mich eher belächelt.

Alles wurde repariert und anstelle von chinesischen Bestandteilen, so die Zeitung damals, wurden bessere Teile eingebaut. Hauptsächlich die Elektronik, wenn ich mich recht erinnere. Natürlich bin ich ein Schwarzmaler, wenn ich von Fakten rede, die etwa ein Großteil der Menschen nicht wahrhaben möchte. Ich habe die Sprache der Augen des Gründers gelesen, dessen Porträt an der Mittelstation der Seilbahn hängt. Wie dumm ist der Mensch? Anscheinend wären die aus China (China - wie spannend!) montierten Bestandteile der Grund, der überzeugte, alles in Sachen Elektronik neu zu installieren... wie gehabt. Ich muss echt schmunzeln.

Bis dato ist die Seilbahn nicht wirklich bereit, einen Mentalisten einzubauen, zuzulassen, mit ins Boot zu nehmen, um diesen in die Entscheidungsebene wirtschaftlich zu integrieren. Das ist Fakt. Bis dato heute, am 29. 8. 2019, an dem ich mir dieses Kapitel zum wiederholten Male durchlese und ein klein wenig abändere. Es gibt ja nun doch viele mediale Arbeiter, die das nach Bedarf evtl. lösen könnten, unterstützend eingebaut werden dürften, sollte das von Nöten sein, damit zu lösen. Bleibt bloß die Frage, welches Medium darf das wirklich knacken, durchleuchten klingt besser, sollten die technischen Antworten definitiv scheitern? „Das Problem knacken" hieße in diesem Fall, gewisse Menschen aus der Seilbahngesellschaft rauswerfen, damit diese dann gut funktioniert. Wie jeder weiß, können Menschen mit störenden Harmonien einiges blockieren. In einem Konzert z.B. wäre das so, wenn ein Musiker einen halben Ton verfehlt und damit das ganze Stück versaut.

Vor wenigen Tagen hatte ich eine Begegnung mit einem Vertreter des Kirchenapparates, die rechte Hand des Bischofs. Ich wäre ihm in den Sinn gekommen, als er vor kurzer Zeit mit einem Menschen über die Seilbahn sprach und zu Ohren bekam, dass die jetzt seit zwei Wochen so gut funktioniere wie noch nie. Wollen wir das dem Betreiber wünschen, dass die jetzt definitiv läuft nach all den Jahren der Suche um Lösung. Doch es ist manchmal wirklich so, dass manche Entwicklung etwas länger dauert und nicht immer so geht, wie es sich manche Herren mit fetter Brieftasche gerne wünschen würden. Mit Geld lässt sich wirklich - und die Betonung liegt bei: wirklich - nicht viel davon kaufen, was zum Leben notwendig ist. Heute ist derselbe Raum still durch das Covid-Theater. Ich frage mich wirklich, ob die dort vielleicht ein sehr altes kulturelles Problem haben oder was das sein mag? Auf alle Fälle finde ich das sehr spannend.

Ich bin sehr gespannt, wenn im Frühjahr diese Seilbahn wieder in Betrieb geht. Meines Wissens haben die jetzt (Winterpause 2018/19) eine Million Euro in Technik und Elektronik investiert. Ein letzter Versuch? Ich kann mir das nicht wirklich vorstellen, dass in diesem Zeitalter, in dem wir leben, eine Bahn fast ein Jahrzehnt lang nicht möglich ist, zu reparieren. Acht Jahre und noch keine Lösung in der Technik? Wundert dich das auch? Na ja, ich denke mal, ich persönlich würde schon nach drei Jahren auch in einen medialen Begleiter investieren. Warum nicht? ...den Horizont der Gesellschaft öffnen? Ist doch was Schönes, sich persönlich zu bilden und einer gesamten Geschäftsstruktur den Horizont zu erweitern. Geld spielt ja vermutlich keine Rolle, ist ja nur die Frage, was du dir wirklich kaufen kannst mit Geld. Wie gehabt nicht gerade das, was dir als essenzieller Träger dient, das ist reine Selbstdisziplin. Der Wirkliche Träger ist Bewusstsein, nicht primär das Geld, welches nicht recht viel ist, außer etwas Materie. Schön soweit. Spannend, spannend, spannend.

Weich wie Seide zeigt sich heute der Schnee, wenn ich aus dem Fenster schaue. Der Schneeengel hat wohl letzte Nacht auch das Südtirol überrascht nach den riesigen Schneemengen in Tirol und Bayern. Wir schreiben heute den 14. 1. 2019. Am Samstag gehe ich mit einem Freund das erste Mal nach Außen im Dialog zu Grenzthemen. Ob ich das Seilbahnphänomen einbauen sollte? Ich werde sehen, was sich ergibt. Immer schön locker bleiben heißt's gerne. Das werde ich machen. Wichtig ist ja schon rein gar nichts. Wenn ich für die Seilbahn arbeiten soll, werden die sich melden. Wenn nicht, auch gut. Es gibt ja auch andere mediale Arbeiter auf dieser Erde. Zu fokussiert kann anstrengend sein.

Die Menschen denken sich weniger dabei, wenn nur mal ein Bild in der Wohnung wackelt oder sonst was Schräges vorkommt aus unerklärlichen Gründen. Natürlich möchte das kein Techniker dieser Erde glauben, dass eine Bahn, die ja sicher mit unzähligen Kilowatt angetrieben wird, rein deshalb stehen bleibt, weil wirklich einige Menschen dieses Geschäft verlassen sollten. Ein komplexer Laden, komplexe Verstrickungen, würde ich mal vorab sagen. Sicher ist auf unbewusster Ebene auch noch Neid, Gier und Hass in dem jetzigen Geschäftsmodell gespeichert. Glaubst du, dass nach acht Jahren das Ganze technisch nicht gelöst werden kann? Die ganze Welt ist im Tal, um das zu lösen. Die besten Techniker im Seilbahnbau, sicherlich.

Der Frühling naht und ist manchmal schon zum Fühlen greifbar, da die Tage ja seit einigen Wochen wieder beginnen, länger zu werden. Es nähern sich langsam, aber sicher auch die Tage, an denen die Seilbahn wieder für den Gästebetrieb in Betrieb genommen wird. Langsam, aber sicher naht der Tag, an dem die Entscheidung fällt, ob nun die Betreiber weiter lernen dürfen und die Bahn wie aus Geisterhand vielleicht wieder trotzt. Persönlich vermute ich, dass die Bahn auch nach dieser Investition nicht wirklich laufen wird. So kam das dann tatsächlich auch für einige Zeit. Rein deshalb und ganz einfach, da das, was ich sagte, eher wohl oberflächlich und als selbstverständlich genommen wurde. Wertschätzung habe ich keine erlebt, demzufolge sind wir wieder beim Nehmen und Geben nicht in Balance.

Heute ab Montag, 22. 2. 2021 wird für 14 Tage das gesamte Gebiet um den Raum Meran, Riffian verriegelt. Jeder, der rein und raus muss, ist sozusagen gezwungen, den umstrittenen PCR-Test zu machen. Ob das Ganze wirklich mit der Resonanz des Gebietes zu tun hat? ...kann sein. Die Rede ist von der südafrikanischen Corona-Mutation. Ein Affentheater, sonst nichts. Die Politik ist nicht mehr sauber, und das wohl weltweit und was da alles mit im Boot hängt!

Die Anfrage eines Arztes

Kürzlich, als ich ganz zufrieden vom Schlittenfahren nach Hause fuhr und auf dem Weg noch einen Supermarkt aufsuchte, schaute ich auf mein iPhone und es war eine Mail im Eingang mit dem Betreff „Lebenskrise". So was auch, Freude, Schmerz, was sollte ich jetzt fühlen? Es war eine lange Mail, ausführlich geschrieben. Es ging um einen 13-jährigen Jungen, sehr wahrscheinlich sehr sensibel und begabt, den anscheinend eine Stimme „verfolgt", die ihm sagt, er sei zu stark für diese Welt, er müsse gehen, sonst leiden die anderen. Anscheinend kam dieser junge Mann nicht ganz zurecht mit dieser inneren Stimme und ging kurz und vorübergehend auf die Kinderpsychiatrie eines bekannten Hauses. Er sagte zu seinen Eltern, es sei nicht gerade der richtige Ort dort für ihn, aber immerhin höre er manchmal ein Wort, eine Frage, die ihm das Gefühl gäbe, er käme weiter und er habe somit nicht mehr den Willen, sich das Leben zu nehmen. Er kämpft an gegen diese innere Stimme. Er bemühe sich, dieser möglichst gelassen Raum zu geben. Annehmen und näher reinhören, das ist die Aufgabe.

Die Frage ist immer, wer darf zu diesem jungen Mann nun Zugang haben, um ihm diesen Schmerz zu nehmen. Vielleicht ist das auch nur ein kurzer Zweifel. Sofort ohne konkrete Anfrage begann ich zu analysieren. Ich bekam Bilder des mir unbekannten Mannes, er sei eher von großer Statur, schlank und trage gerne sportliche leichte

Turnschuhe. Als seinen Weg sehe ich ihn in der Software-Entwicklung, mathematisch auch sehr begabt, so meine Bilder, die ich reinbekam. Des Weiteren teilte ich unverbindlich mit, umso schneller er das Krankenhaus verlasse, umso besser sei es für ihn persönlich. Wie wir alle wissen, ist es einfacher, an Orten zu genesen, zu sich zu kommen, an denen keine Menschen leben, die irgendwelche Hürden psychischer Natur zu bewältigen haben. Generell kamen mir zu dem jungen Mann keine schlimmen Bilder. Das heißt, meine Intuition über das dritte Auge, also den sechsten Sinn, gab mir nur Gutes.

Sicher, wie bei jeder Anfrage nehme ich unverzüglich, da ja bereits Vertrauen da ist, Kontakt auf. Ohne Raum, ohne Zeitgefühl schaffe ich es, mich blitzschnell in diese Person rein zu fühlen, mich regelrecht rein zu versetzen. So kann es auch durchaus sein, dass mit dieser Fernarbeit bereits einiges losgetreten und sich gelöst hat. Und auch gerade in diesem Moment sende ich dem jungen Mann ein Gebet, das ihm helfen möge, diese „negative" Stimme in sich zum Guten zu wenden. Es ist ein Engel, der ihn zur Prüfung stellt, noch stärker zu wachsen zum einen, aber der auch die Eltern wachsen lässt, dass sie hinhören, um ihrem Sohn noch mehr Vertrauen schenken zu können.

„Lieber Engel der Weisheit, der Heilung, erlöse jetzt diesen jungen Mann. Berichte ihm in Stille über seine Gnade, über seine wunderbare Schöpfungskraft und schenke ihm Stille, damit er jetzt persönlich die Eingebung bekommt und den Weg, den er hört, gehen darf. Berühre ihn jetzt ganz innen und entzünde das neue Licht, das sich durch diesen kleinen Schmerz erneut und noch stärker finden darf." Seine Mutter nehme ich eher distanziert wahr, etwas verunsichert, als gäbe es kein wirkliches Verhältnis des Vertrauens, das jetzt aber die Möglichkeit hat, sich neu zu festigen und zu finden. Ein „sich gerüttelt" fühlen, dazu sind die Schritte da, die hinführen zu neuen Türen. So hat dieser junge Mann dadurch die Möglichkeit, auch die Geborgenheit vonseiten der Mutter neu zu erfahren.

„Segne diese Familie, damit sie mit neuer Harmonie zusammenfindet und erfrischt durchatmen darf. Lass all die Schmerzen jetzt vorüberziehen und schenke Frieden." Ganz weit entfernt fühle ich den Vater dieses jungen Mannes, es muss wohl eine weit entfernte Sohn-Vater-Beziehung vorliegen, kein wirklich harmonisches Verhältnis. Ob der Vater seinen Sohn jemals liebte, annahm? Was heißt schon annehmen? Das kommt schon mal vor, dass Väter nicht so gut können wie Mütter. Frauen sind auf der Gefühlsebene wohl „begabter". „Nimm alle Lasten, schenk dieser Familie Einkehr, aber vor allem auch ein erneutes Zusammenwachsen auf höheren Ebenen, auf liebevolleren Ebenen, dass sie sich jetzt auch sehr verwurzelt fühlen mögen im Umbruch dieser Erde. Lass dieses kleine Wunder jetzt geschehen. Mögen alle nur möglichen Engel diese Familie erreichen, danke."

Der Frühling 2019 steht vor der Tür

Der Frühling steht vor der Tür. Auch wenn der Blick in die Berge alles andere verspricht als Frühling. Tief verschneite Winterlandschaft vor meinen Augen, auf den kahlen Bäumen sitzen Spatzen, die sich Futter suchen, sich unterhalten und der Sonne auf ihrem Gefieder Raum geben. Sie fliegen von einem Ast zum anderen und wünschen sich wohl, so wie auch die Menschen, etwas wärmere Temperaturen. Minus 14 Grad, der 5. Februar ist heute, der März nicht weit entfernt. Hallo Frühling, würdest du einen kleinen Zahn zulegen und etwas schneller zu uns kommen?

Welche Natur und Geduld haben wohl die Spatzen in sich, um solche Winter zu überleben? Sie haben kaum Futter und einfach nur eisige Temperaturen. Wo schlafen die kleinen Schnäbelchen, wenn es dunkelt? Bei den Rehen im Wald, unter dem Dachvorsprung eines Hauses? Spannende Fragen, die sich zeigen und die nicht so einfach zu erforschen sind. Wer geht einem winterlichen Spatzennest schon wirklich auf die Spur? Wohl keiner, würde ich sagen, wen interessiert's? Der Frühling ist vor der Tür, das Jahr 2019 hat angeschlagen. Geerdet und neu dürfen alle Menschen dieser Erde wieder durchstarten. Geerdet ist das Schlagwort für heute, nach vorne. Geerdet, das dritte Auge in der Mitte der Handlungen, das ist immer wieder ausschlaggebend.

Hast du vergessen, wie du deine Intuition, dein drittes Auge schulen solltest? Nimm einfach ein weißes Blatt Papier und male einen schwarzen Punkt darauf mit einem Durchmesser von 2 cm, hänge dieses an eine weiße Wand und blicke dort drauf, bis du goldenes Licht rundherum wahrnehmen kannst. Schau ganz entspannt drauf, lass auch die Augenlider ganz locker hängen. Sitze oder stehe dabei aufrecht. Und da wir gerade dabei sind: erde dich, geh geerdet in den Frühling hinein. Dazu empfehle ich dir, steh einfach mit etwas breiterer Fußhaltung auf dem Boden und atme tief ein und aus. Wenn du nicht temperaturempfindlich bist, geht das Ganze natürlich auch im Winter im Schnee, kein Thema. Frühling, erden, glücklich sein darüber, dass es nur noch Tage sind, bis die Temperaturen wirklich auch wie Frühling sind und du vielleicht auch bald kurze Ärmel tragen magst. Manch einer wird sicher schon sein Motorrad fertigmachen, schauen, ob die Batterie denn noch passt und die Kiste wohl gewartet wieder aus dem Stall darf. Wohlgemerkt wohlgewartet.

Wie geht es dir mit deinen Engeln um dich herum? Siehst du sie, nimmst du die Kraft der Engel auch wahr, auch heute? Engel sehen, Engel annehmen, das darf eine deiner stillen Aufgaben sein, die du täglich für dich immer wieder in deiner Stille zulassen darfst. Versuch doch auch mal, in jedem Menschen einen Engel zu sehen. Das heißt aber nicht, dass du deshalb jeden Menschen annehmen musst. Immer mit der nötigen Schlichtheit. Das heißt im Sein, da sein, nichts geben müssen. Lass dein Gegenüber auch mal kurz fühlen, dass er ein Engel ist, schenk ihm kurz das Gefühl, seinen Engel in sich zu fühlen. Der Frühlingsengel, jedes Frühjahr, immer wieder. Engel in deine Mitte holen, das kostet dich nichts, außer das Bewusstsein dazu.

Noch ist es Winter. In der mittleren Etage in dem Haus, in dem wir gerade leben, sind unsere Hunde. In Kürze werde ich sie in die Sonne begleiten, unsere zwei Büffel nenne ich sie gern. Es sind zwei Süditaliener, auch sie warten auf den Frühling. Schwupp di wupp, und schon sind die zwei vierbeinigen Süditalienerinnen am Balkon und...ja...die Sonne ist da, wenn auch mit ein paar Minus-Graden in der Luft. Sie tragen ein dickes Fell, das geht in Ordnung - also Meckern höre ich sie zumindest nicht. Die Penny und die Sky, so ihre Namen, wobei Penny vom Physischen her das etwas kleinere Hündchen ist. Hündchen ist gut. Das sind zwei riesengroße Teile, braun und mit einem Antrieb, als würden sie über eine Düsenturbine verfügen!

Immer wieder aufräumen, innen wie außen

Immer wieder aufräumen darf sein. Es gibt Menschen, die räumen zwar auf, haben jedoch ewig Ängste, wenn etwas Neues in ihr Leben tritt, sich etwas bewegt. Egal, ob das verbale oder nonverbale Formen der Bewegung sind. So mancher Mensch ist auch wie ein stinkfaules Stinktier, das einfach lieber an alten Gewohnheiten festhält, als Innovation zuzulassen. Ob das künstlerischer Natur, architektonischer Natur oder musikalische Kompositionen sind. Oder Farben immer wieder neu zuzulassen. Bewusstsein haben und dazu zu stehen, und wenn es sein muss, knallhart, da so mancher Geist um dich herum nicht wahrhaben möchte, was es heißt, Neues zu kreieren auf allen Ebenen.

Steh einfach auf vom Tisch, wo es nur so riecht von alten oder einfach unstimmigen Sachen. Unlebendige Gespräche oder vielleicht sogar welche ganz ohne Inhalt bringen dir nicht viel. Jeder, auch du, kann das aus der Ferne wahrnehmen. Dazu musst du nicht inselbegabt sein, um dich von bestimmten Situationen fernzuhalten. Aufstehen, weitergehen immer dann, wenn es Zeit ist. Geh weiter, binde dich an nichts, das macht sonst keinen Sinn.

Auch wenn es alte Geschäftsformen sind, die schon lange stehen, wenn die Kommunikation eingeschlafen ist in deiner Firma. Frisch sie auf, sei frech, sei vorlaut, nimm kein Blatt vor den Mund. Du gewinnst immer dann, wenn du auch Meinungen anderer nicht mehr teilst. Lass die anderen reden, scheiß einfach drauf. Anderen immer alles Recht machen, das bringt dich am wenigsten weiter. Lass laufen dein Mundwerk in allen Farben, egal zu welchem Thema. Sprich, wie dir dein Schnabel gewachsen ist.

Die Schubladen, in die dich Menschen immer wieder unbewusst versuchen reinzupressen, sind deren Schubladen. Vergiss die, die kannst du nicht brauchen auf deinem Lebensweg. Egal, als was du dich entfaltest. Verwende Schubladen höchstens für deine Socken oder Slips. Immer wieder abstauben, weitergehen, dein drittes Auge pflegen, genießen. Massier zwischendurch dein drittes Auge mit deinem Zeigefinger, einfach ganz leicht ranfahren und massieren. Pflege Abstand zu Menschen, die dir nicht guttun, lass sie mal alleine. Wenn du deinen Atem hast, hast du alles, was du brauchst. Etwas Wasser dazu und du kannst leben. Kein Problem.

Und vergiss nicht: Erfüll dir alle deine Wünsche, die es dir möglich machen, dadurch dein Herz besser zu nähren. Aufräumen, weitergehen. Umso weniger du die Meinungen anderer teilst, umso mehr und umso schneller kannst du deinen Wesenskern entwickeln. Gehe deinen Weg. Immer dann, wenn du Ängste fühlst, genau da musst du durch, genau da ist dein Weg zu finden. Weitergehen, nie stehen bleiben, das ist das Rezept, das dich nichts kostet. Alle deine Gefühle sind wahr, alle deine Gefühle darfst du zulassen. Niemand hat das Recht, dir diese zu nehmen, nicht mal anzuzweifeln.

Der Mensch spricht nicht klar, wenn dieser sich im Bewusstsein jahrhundertealter Sprachgepflogenheiten bedient. Das heißt mit anderen Worten, es gibt Menschen, die möchten Respekt bekommen, können sich allerdings nicht schön ausdrücken, da sie u. a. und wohl unbewusst aus vergangener Zeit heraus artikulieren und dadurch auch wohl nicht im jetzt und hier sind. Was du dagegen tun kannst für dich? Einfach mit innerer Distanz sein lassen, würde ich mal sagen, um dich nicht in Felder hineinzubegeben, die dich nicht vorwärtsbringen.

Nichts ist wichtig und keiner hat recht. Einer meiner Lieblingssprüche, der einfach mal neutralisiert. Oder: Dort, wo du suchst, findest du nicht. Aufräumen, abstauben, alles das, was ist, wahrnehmen, den Moment genießen. Nun, mehr habe ich eigentlich nicht zu sagen zum Aufräum-Thema. Oder würdest du noch gerne etwas hören? Fehlt dir etwas dabei? Na ja, alles halb so wild. Jeder darf ja nun mal leben, wie er möchte. Doch das „Ordnung-um-Dich-herum-Haben" haben ist halt schon der Spiegel zur Seele. Es ist nicht schwierig aufzuräumen, und du fühlst dich einfach wohler. Geh ran, stürz dich rein ins Vergnügen, mach dir eine schöne Musik an und los.

Unsere Hunde und der Helikopter

Helikopterfliegen war immer schon eine Leidenschaft von mir, ob das den Hunden auch gefällt, weiß ich nicht. Auf jeden Fall sind wir an einem Sonntag mit unseren zwei „Wölfen", Hunde genannt, in das mystische Fanes-Sennes-Gebiet aufgebrochen, um zur schönen Alm, der Sennesalm zu wandern. „Wild wie die Wölf" san's. Ideal für all jene, die es lieben, abseits vom Skitourismus zu Fuß über zum Teil steiles Gelände hochzugehen, um dem Körper Bewegung zu schenken. Sehr geeignet ist das Gebiet natürlich auch für all jene, die Hunde haben, um ihnen freien Lauf zu lassen.

Wunderbar das Wetter und die Laune, einmal alle in den Wagen rein und hoch auf die Sennesalm. So war das an jenem Sonntag im Februar 2019. Bei St. Lorenzen, kurz vor Bruneck, zweigt die Straße in das Gadertal ab und führt nach Zwischenwasser. Von dort zweigt die Straße wiederum links ab auf die Straße, die nach St. Vigil führt. Von dort geht es links ab in das mystische Tal Richtung Pederù. Pederù ist der Ausgangspunkt für die Sennesalm und Fanesalm. Dort befindet sich auch der Parkplatz für die Naturliebenden, die dieses Gebiet aufsuchen.

Etwa 2,5 Stunden beträgt die Zeit, die man benötigt, um auf die Sennesalm hochzukommen. Diese führt zum Teil über eine Schneestraße über steiles Gelände hoch.

Wunderbare, stille Almlandschaften erwarten den Wanderer. Klar, dass die gesamten Almhütten im Winter zum Großteil geschlossen sind. Die Sennesalm jedoch ist auch im Winter geöffnet, verfügt über Zimmer und du kannst dort gut speisen. Gut gegessen, kehren wir wieder zu Fuß Richtung Pederù zurück, dort, wo der Wagen steht. Auf halbem Weg gibts einen Pfad, der die gesamte Strecke etwas abkürzt. Dort durften die Hunde kurz mal frei laufen und kamen frischem Kot, sehr vermutlich von einer Gämse auf die Spur. Wie verzaubert wirkten sie, drei Sekunden und weg waren die beiden, wohl in der Hoffnung, eines der schönen Tiere zu treffen und mit ihnen etwas zu spielen. Raus in felsiges Gelände, kein Mucks war mehr zu hören von den beiden Hunden.

Wir saßen eine Weile nieder und warteten, ob sie denn wieder zurückkämen. Nichts zu machen. Bis wir uns entschlossen, weiter zu gehen. So sahen wir die Tiere nach einigen Gehminuten an einem Hang gegenüber, an dem sie weder nach vorne noch wieder zurückkonnten. Was blieb? Das erste Telefonat ging an die Bergrettung, das zweite an die Helikopterfirma. Auf jedem Fall kam nach einigen Telefonaten hin und her ein Helikopter angeflogen, ausgestattet mit einem Bergretter, Hundeexperten, Piloten und Assistenten. Gott sei es gedankt, dass es eine kleine Lichtung gab, an der der Helikopter landen konnte. Von dort begaben sich die zwei Männer mit Seil und Haken ausgerüstet zu den Hunden. Mit mitgebrachtem Schnitzel wurden sie geködert, schließlich waren die Hunde auch nervös. Zudem kannten sie die zwei fremden

Herren nicht, die sie auch gerade kurz vorher am Ankommen mit dem Helikopter wohl eher erschreckt hatten.

Allesamt hatten wir Platz im Heli und flogen zum Parkplatz von Pederù runter. Dort luden wir die Hunde aus und es ging weiter in das Grödental, zurück zur Basis der Helikopter. Ich ließ es mir natürlich nicht nehmen, bei dieser Gelegenheit den Rest der Strecke zurückzufliegen. Die Carabinieri mussten informiert werden, um überhaupt das Naturschutzgebiet durchfliegen zu dürfen. 44 „günstige" Flugminuten kamen auf die Rechnung, das war die Zeit, die der Einsatz erforderte. Das Gute daran war, dass ich die Männer der Helikopterfirma aus alten Zeiten kannte, sodass sie mir mit dem Preis etwas entgegenkamen. Was schöner wäre? Auf jeden Fall hätte man mit diesem Europreis, der für 44 Minuten in Rechnung gestellt wurde, einen wunderbaren Urlaub für zwei Personen haben können. Verrückt, du musst wirklich nicht das TV einschalten, um gewisse spannende Dinge zu erleben. Waren alle Engel des Schutzes dabei, dann ist das gut. Alles ging soweit zum Guten aus und wir hatten Glück, dass der Helikopter überhaupt fliegen konnte, denn die Täler waren mit recht viel Nebel behangen und es schneite, so war die Sicht zum Teil nicht gerade die beste.

Das gute Fazit aus der Geschichte ist, dass ich, als ich zum Bezahlen vorbeifuhr, mir einen Werbeplatz am Helikopter aushandeln konnte. Konkret heißt das, ich fragte um Sponsoring an und bekam dafür zwar kein Geld zugesichert, sondern indirekt - eben einen Platz am Helikopter:

Werbung für mein erstes Buch. Sehr schön, was willste mehr! Ob das tatsächlich einen Effekt haben wird, ist mir einerlei. Wichtig ist ja nun mal einfach, dass du mit deinem Tun auf den Plattformen vertreten bist, die dir lieb sind und gefallen. Wunderbar, danke dem Team von ELIKOS im Grödnertal.

Der Abend mit der Volksanwaltschaft

Im März 2020 hatte ich es erst mal geschafft, dank EOS, einer Plattform für soziale Projekte, mithilfe des zuständigen Mannes für Bildung, meiner kleinen Vision einen Schritt näher zu kommen. Meine Wünsche liegen darin, die Werte meines ersten Buches u. a. zu einer TV-Dokumentation, einer Reportage oder gar einen TV-Film weiterzuentwickeln. Gespräche haben begonnen, wurden in Gang gesetzt und weitergeleitet. Die Kunst der Affinität zu diesen Themen, aber auch der Mut darf da sein, um durch diese Reportage sanft und dennoch griffig Uniabgänger oder noch Studenten für gewisse Themen zu sensibilisieren. Psychologen und Psychiater treffen durch ihr Wissen aus Büchern nicht selten Fehlinterpretationen bzw. Fehldiagnosen und führen Menschen manchmal auch durch medikamentöse Begleitung in Abhängigkeiten und ruinieren Menschen regelrecht durch ihre falsche Interpretation oder Ansicht.

Dieser Nachmittag mit Frau Volksanwalt war sehr spannend und ich freue mich schon auf den nächsten konkreten Schritt, der in die Umsetzung meiner kleinen Vision führt. Ich würde mich sehr freuen, wenn sich in Kürze auch Markus Lanz bei mir meldet und zum TV-Machen nach Hamburg einlädt. Etwas im ZDF sprechen würde mir einen Riesenspaß bereiten, unkompliziert, einfach und kompakt über das öffentlich zu sprechen. Mein Gesicht mag ins TV, keine Frage und das ist ein ganz klarer Wunsch. Die Werte müssen raus, aber hallo, liebe Welt!

Es ist jetzt Zeit, das zu tun, was ich sehr lange unterdrückt habe. Und das ist allem voran das Weiterentwickeln dieser Geschichte, es hinauszutragen zu den Menschen. Der Nachmittag im EOS war ein humorvoller Schritt, einfach mal in einem kleinen Saal Hallo zu sagen. Hallo Menschen – aufwachen! Zu welchen Themen wohl? Na ja, es ist ja nicht so, dass ich der Einzige bin, der so frei und mit etwas Horizont denkt. Es wird einige geben. Ich darf mich halt zumindest zu denen zählen, die das auch umsetzen, nicht nur drüber reden, damit eben auch andere Personen was davon haben dürfen. Ja, das ist der Sinn!

Wie lange es noch dauern wird, bis … tja, ich muss dran bleiben. Ich freue mich natürlich, wenn Einladungen folgen, für die ich auch gut bezahlt werde. Gratis werde ich dazu nichts mehr tun. Wie da generell alles weiterläuft, ist die Frage - spannend. Das wird nicht wertgeschätzt, das Gratis-Arbeiten in diesen Bereichen, ganz im Gegenteil. Eine der Ansichten im Auge der Kirche besagt, „arbeite gratis". Zumindest ist das in einigen Institutionen heute noch tief verankert, gerade in dem Bereich der nicht sichtbaren Arbeit. Die Kirche möchte wachsen, doch für meinen Geschmack benutzt sie allzu sehr den Menschen. Ich glaube, die fahren ihr Boot erst mal noch richtig an die Wand.

Und schon bin ich wieder ins Thema Kirche gerutscht, obwohl das ja nicht wirklich Gegenstand meiner Wünsche und Visionen ist. Macht aber auch nichts, du siehst, was mich unter anderem beschäftigt und mir zeitgleich den Treibstoff verleiht. Frau Volksanwalt hatte dadurch sicher auch viel Aufklärung erhalten und für sich in ihrer Arbeit Unterstützung erlebt. Gleich vor Beginn dieser ersten Plattform bin ich weiter am Wunsch dran, bereits die Themen für den nächsten Nachmittag auszuarbeiten, um den Interessen meiner Richtung weiter Raum zu geben. Es war im Vorfeld so, das der zuständige Mitarbeiter nicht leicht begreifen konnte, was ich vor Augen hatte. Das ist für viele Menschen - und das bei meiner Ursprungsfamilie beginnend - schwer greifbar, welche Werte das Buch beinhaltet. Nun, ich darf dran bleiben, sympathisch oder unsympathisch, das interessiert doch keinen.

Die Menschen mit oder ohne Bildung sind sehr geprägt durch das Raue der Berge. Wenn das Leben keine Abwechslung findet, nur in den Bergen gelebt wird, so ist der Berg und dessen Wirkung auf den Menschen zu rau auf Dauer. Es braucht auch den Horizont und das Wasser vom Meer. Das wird auf diesen Ebenen eher schwierig klappen, sage ich mal leise. Der Abend der Volksanwaltschaft, der nie zustande kam, da manche Menschen einfach lieber reden als tun. Oberflächliche Ämter und Beamten gibt es ohne

Ende auf dieser Erde. Was willst du machen, musst ihnen ihren Mist nur lassen.

Der Besuch beim Autohandel in Bozen

Nachdem ich mittlerweile wirkliche Gönner habe in jeder Hinsicht, wurde mir kürzlich nahegelegt, dass es eventuell eine Möglichkeit gäbe, mit etwas Einarbeitungszeit eine kleine Anstellung in einem Autosalon zu übernehmen bzw. in diese Rolle hineinzuwachsen. So habe ich nicht lange gezögert und habe den werten Herrn, den ich ersetzen sollte, angerufen, um einen unverbindlichen Ersttermin zu vereinbaren. Wenn, dann mag ich das Ganze schnell, sofort und jetzt, wenn es darum geht, dass sich was zu meinen Gunsten bewegen mag.

Seit Jahren investiere ich in mich, in meine persönliche Disziplin und habe so in den letzten Jahren zwei Bücher verfasst, alles das niedergeschrieben, was ich im Text für mich verarbeiten wollte, auch zur persönlichen Selbstreflexion. Schreiben, reden, sprechen ist etwas, das ich liebe, vor allem wenn das Ganze in kreativen Farben und Lebendigkeit über die Bühne gehen darf. Alles, was sich nicht bewegt und unharmonisch ist, liegt in meinem Sinne zu bewegen, zu leben, ziehen zu lassen. Der Autohändler in Bozen wurde mir nahegelegt. Wie ersetzt du eine Person, die schon über einen längeren Zeitraum für einen Betrieb arbeitet. Nicht lang denken, einfach tun ist der Grundstein für immer wieder neue Wege und Formen, die sich lösen und neu erblühen dürfen.

So war gestern ein Montag voller Sonne, einer der Tage, an denen erstmals in 2019 auch Wärme da war. Der Tag war sehr geeignet, um mit dem indischen Vesparoller nach Bozen zu fahren. Knappe 12 PS und 200 ccm hat der Motor in sich, der mich auf all meinen Wegen gut begleitet und mir ein Gefühl der Freiheit verleiht. Ich versuche das immer wieder von Neuem zu genießen, jeden Augenblick dieser Erde wahrzunehmen und zwischendurch, wenn es die Umstände erlauben, den Roller auch zum Überholen anzusetzen. Einmal blinken und zum Überholen ansetzen, und das mit 12 PS macht richtig Spaß, vor allem dann, wenn so mancher Karren mit vielen PS im Stau steckt.

Ja, auch beim Vesparollerfahren hat das kleine Kind in mir Schmetterlinge im Bauch. Es müssen nicht unbedingt 400 und mehr Pferde sein, nein, nicht immer. Eine schicke Brille, ein flotter englischer Schuh mit roter Litze und ab durch die Mitte mit dem himmelblauen Roller. Von Olang nach Bozen. Eine Strecke, die gerade recht ist von der Distanz her, um immer wieder kurz anzuhalten und den luftgekühlten Motor abkühlen zu lassen und einen kleinen Braunen zu nehmen. Mit Vorliebe halte ich an ganz alten, lang unverändert bestehenden Gasthöfen an. Davon gibts nicht mehr viele. Einer davon befindet sich zwischen Kardaun und Blumau, im Eisacktal von Südtirol, Richtung Süden an der rechten Seite. Ein etwas älterer Mann, wie in alten Zeiten bedient den Laden, brav und ordentlich mit weißer Schürze - witzig.

So habe ich mir Zeit genommen, bis ich in Bozen in der Industriezone ankam und den Autosalon von Skoda fand. Es ist bequem, mit einem Roller unterwegs zu sein und angenehm, vor allem dann, wenn du eine Parkmöglichkeit suchst. So gab es in Bozen vor dem Laden einen kleinen Laubbaum, unter dem ich meinen Roller parkte. Wunderbar und wie im Bilderbuch. Grüner Baum und himmelblauer Roller. Das wenige an Ausrüstung, was man dabei hat zum Roller fahren, passt gut in das kleine Kästchen vorne rein. Ja, bei Temperaturen über 30 Grad ist es angenehm, bei der Ankunft dann alles abzulegen.

Schön, so ging ich in den Laden rein, ein Glaskomplex, wie Autosalons eben gerne so sind. Gleich gings los. Und wie ein Schuster kann ich das nicht wirklich ablegen, medial zu sehen. Der Schuster sieht überall die Schuhe, ja und ich selber sehe….. zwei angestellte Damen hatten irgendeinen Zoff. Die nicht zu verkennenden Konflikte und Unstimmigkeiten stießen mir natürlich sofort ins Auge. Was soll ich dir sagen. Es ist einfach so, dass zum Thema Gesamtharmonie einfach mehr dazugehört als zum Beispiel Farben. Wie spreche ich was; gehört halt alles etwas dazu, dass alles passt. Im hinteren Bereich des Salons fiel mir die düstere Beleuchtung ins Auge. Was solls. Im Gesamten alles sauber und von Licht durchflutet.

Ich setzte mich auf einen Stuhl und wartete auf den Herrn, mit dem ich verabredet war. Es dauerte nicht lange und er kam herbei. Wir setzten uns in sein Büro und hatten ein kurzes Kennenlernen in seinem Büro. Ich glaube, der Herr wird froh sein, wenn er in Pension gehen darf, kam mir müde vor. Der Handrücken war geschwollen, zeugt wohl von Stau im Bereich Körper. Herzmüdigkeit würde ich sagen. Bin mir nicht ganz sicher, aber an der Reflexzone des Handrückens ist auch die Herzzone damit in Verbindung, wenn ich mich recht erinnere. Ein recht gelassener und erfahrener Mann soweit. Es wird sich zeigen, ob die mich in den Konzern einarbeiten mögen und mir Form und Raum geben zu Bedingungen, die für beide Seiten passen würden.

Ich stehe zu mir auch kommunikativ, so wie ich bin. Trotz allem, auch wenn das für manche hochnäsig sein mag. Das scheißt mich nix.... Ganz ehrlich gesagt, vom Wagen her nicht so mein Ding, aber lassen wir das mal dahingestellt. Vielleicht überzeugt das Angebot, das kommen darf, ja so sehr, dass ich nicht widersprechen kann. Ehrlich gesagt wäre das schon mal nicht schlecht, wenn ich mit der Firma zusammenkäme, um mal mein Portemonnaie nach langem Arbeiten an den Büchern aufzufrischen.

Das Gespräch dauerte nicht lange und der werte Mann meinte, ich sollte mich am nächsten Tag zurückmelden. Das tat ich dann auch gleich und ausführlich am nächsten Morgen, also heute per Mail. Wir werden sehen, welchen Impuls ich lostreten durfte für den Autosalon in der Bozner Industriezone. Ich bin sehr pronto, und das schon lange auch in der Form, dass mich Menschen gelangweilt haben, die nichts als Geld im Kopf hatten. Unter Wirtschaftstreibenden heißt es gern, die Ziffern müssen stimmen. Eine Aussage, die mich nervt, es gibt doch mehr als bloß Geld. So wie Daniell Peter Porsche seinem Buch den Titel gab: „Es gibt mehr als Autos bauen." Ich liebe Porsche und die Ansichten von Daniell. Deshalb wäre das in meinem Herzen der beste Sponsor, der Sponsor Porsche-Clan für mein zweites Buch darf jetzt eintreten. Ja, das wäre einfach nur meeeeega! Die liebe Geduld, nicht voreilig sein, was manche Menschen so für Erwartungen haben.

Ich darf dir ganz ehrlich gestehen, lieber Leser, für mich gibts keine Kompromisse mehr in gewisser Hinsicht. Entweder die Sachen funktionieren oder eben nicht. Glasklar und direkt reden ist das Einfachste und wohl Bewegendste. Ob es dann einem passt oder nicht, das ist doch deren Problem. Du kannst doch nicht immer und selbstverständlich allen zuhören und dabei deine Potenziale verschleudern, das geht schon gar nicht, sorry.

Der Besuch im Überetsch – Südtirol

Der Besuch im Südtiroler Überetsch im nahe gelegenen Kessel von Bozen, der leicht steigend Richtung Süden verläuft. Dort atmet´s sich doch auch wunderbar, gar glasklar. Am frühen Morgen eines schönen Sommertages, die erste Nacht relativ gut geschlafen, sitz ich nun hier am Schreiben im Freien und atme, während sich die Finger an den Tasten des PC sportlich betätigen.

Zeitgleich habe ich meine Gedanken auch beim Porsche-Clan von Stuttgart. Daniell Peter Porsche ist mir etwas ans Herz gewachsen und ich bin am Hinschauen, ob nicht vom Porschezentrum Stuttgart eine Antwort eingeht. Porsche als Sponsor für mein zweites Buch ist wie eine unbezahlbare Eingebung. Wertvoller ist der Wert Richtung deiner Herzens-Türen, die dich in neue Welten tragen, der Stimme folgen, die dein Herz spricht. Die Türen deiner Wünsche, wissend, dass das Leben eine Illusion ist, ein Spiel, ein Gehabe von geldgeilen, oft sehr nach außen orientierten Menschen, die wie gehabt bloß im Geld versuchen, ihr Glück zu finden und somit nichts anderes tun, als den ganzen Tag Pläne zu schmieden, wie man zu sehr viel Geld kommen könnte.

In Balance ist ja Geld dann auch was Schönes, so ist es ja nicht. Liebevoll Geld verdient ist alle Male verdient. Das geht doch anders rum. Meine Erfahrungen haben mir gezeigt, dass der Sinn Vorrang haben muss, dass niemals das Geld der Antrieb sein darf, um deinem Leben Glück und Zufriedenheit zu schenken. Glück und Zufriedenheit sind Güter, die nicht käuflich sind, das mag so manch einer nicht gern begreifen. Auf alle Fälle darf es dazu gehören, dich schön zu kleiden, dich zu genießen, auf allen Ebenen das zu leben, was deine zarten Gefühle dir sagen.

Recherchen haben ergeben, dass das Verlangen nach Habenwollen einfach auch nur anstrengend sein kann. Es ist so, dass wenn du bisschen was auf der Kante hast, manches wohl schwieriger erscheint, Betonung auf: erscheint. Das Geben und Nehmen ist nicht immer ganz so einfach, gerade wenn du dich mit dem befasst, was andere nicht wahrhaben möchten. Die Werte der Menschen pflegen und hegen, das tun, was für andere nicht als Arbeit erscheint, in einem Bergland wie Südtirol, gar nicht ohne.

Sicher, ich geb`s an dieser Stelle gern mal zu. Es nervt verdammt, da privat ein Hof steht, der nicht verkäuflich schien. Dieser Hof stand sehr lange und war schwierig zu verkaufen - schwierig durch die Ängste alter Generationen. Ich sag´s nicht oft genug, doch mediale Themen werden verneint. Wir hatten unzählige Käufer mit einigem an Geld in der Tasche im Raum, doch der Hof bleibt unantastbar. Jetzt siehst du mal, wie mich die alten Mauern nerven, vom Besuch im Überetsch, zum privaten Hof im Pragsertal.

Ich freue mich riesig, denn in Kürze habe ich einen Termin mit einem TV-Macher, der voraussichtlich Interesse hat, meine Werte des ersten Buches zu einer Reportage weiterzuverarbeiten, gar zu einem Film. Ja, und genau dort zieht´s mich hin, da ist mein glasklarer Wunsch, diese Werte zu einem flächendeckenden Potenzial umzuwandeln, umzusetzen, um „Bücherfritzen" so mancher Fachliteratur zu sensibilisieren und um die Quintessenz beginnend an sich selber wieder besser erfahren zu können. Was willst Du mehr, als Einfachheit in deinem Leben zu erfahren, zu leben. Ja, nicht besser wissen und arrogant sein, immer schön höflich und brav, wenn möglich. Das darfst du vergessen, alles teile ich nicht und anderen Kram von klassischer Pädagogik....ui, wie hab ich das nötig, das immer wieder zu erwähnen, na und?

In diesem Zusammenhang fällt mir immer mein „erwachsenes" Brüderchen ein. Er scheint an den Klaviertasten hängen geblieben zu sein. Hassliebe? ...wenn ein Mensch festgefahren, dann muss das gesagt sein. Frag mich was Einfacheres...

Bin jetzt etwas ungeduldig und muss gleich los zum Café zu meinem Freund in die Stadt fahren. Am Hintern brennt ein Feuerchen, ich glaube, das habe ich vom Vater geerbt. Ist es doch gut, Feuer im Gesäß zu haben. Der Besuch im Überetsch, gibt mir neue Lebensräume. Was ich auch erfahren habe, ist, dass Texte von meinem ersten

Buch die Hürde des Wiener Lektorats geschafft haben und dort gelistet werden, das ist wunderbar, sonnenklar.

Langsam neigt der Tag sich zu Ende. Heute habe ich das einfach mal angenommen, das wo ich grad wohne. Nicht täglich, nicht üblich, doch Ambiente, das mir sehr guttut und gefällt. Ein wunderbarer Naturteich zum Baden, anständig Fläche, Wiese. Gerade recht, um ungestört zu sein, zu wohnen, zu schreiben. Der Besuch im Überetsch birgt alles das, was zum Greifen nicht nahe genug sein könnte. Zum Greifen nahe Räume, Flächen und Raum zum Atmen, wunderbar.

Freundinnen des Paares, in dessen Villa ich grad wohne, kommen gern am Nachmittag zum Baden, schließlich ist ein Naturteich nicht grad an jeder Ecke und es ist natürlich ein Glück, wenn dies deine Freundin für dich zu Verfügung stellt, eine gütige Freundin. Selbst im Urlaub ist es doch vielleicht beruhigender, wenn jemand auf deinem Grundstück lebt, so darfst du beruhigt sein, wenn dein Häuschen auch in deiner Urlaubszeit nicht alleine bleibt.

Teilen, das was ist, kann nicht jeder, doch hier scheint das wunderbar zu klappen, es gibt ja auch Platz genug.

Mystisch, elegant, im Glanz der Abenddämmerung geht so manches Licht an, das installiert ist, um dem Ganzen Form zu geben, wenn es dunkelt und noch mancher Vogel zwitschert. Beleuchtet im Vogelgesang. Der eine schnell, der andere in Melodien zu Hause, die wohl nicht ganz so einfach nachzuahmen sind. Mediales Zwitschern, ja gern, nennen wir es auch mediales Zwitschern. Sommer 2019, in Kürze gehts per Wagen und Seeweg nach Schweden, um der Natur noch etwas näher zu kommen. So ist das gerade recht, um hier aufzutanken und mal schön gediegen diesen Rasen zu betrachten, wie er wächst und sich wohl bald wieder auf Regen freuen darf, denn gerade ist es richtig Sommer und die Temperaturen gehen auch über 30 Grad hinauf. Sommerzeit. Wieder ein gnadenvoller Abend, der die Stille herbeiruft. Gleich muss ich noch mal nach dem Roboter schauen, der hier den Rasen mäht. Üblicherweise startet der von alleine und fährt wieder in seine Ladestation hinein. Ich muss gestehen, noch nie habe ich ihn fahren gesehen.

Gib allem Raum, das sich zu entfalten scheint, lass zu, wenn Menschen dich nicht begreifen und bleib gelassen. Du hast einfach Schritte getan, die nicht jeder begreift. Du liegst genau richtig, genau recht ist alles das, was sich in dir entwickelt. Der Besuch im Überetsch ist an Werten reich gesät, auch wenn das alles immer für selbstverständlich erscheint, ist es doch von hohen Werten, wenn dein Atem gelassen fließt.

Der Stromhändler von nebenan

Der Stromhändler von nebenan in „Gerüchten verkommen", im Kaufhaus versteckt, lebt er sein Leben unterfordert und bietet seinen Kunden Stromverträge an. Unterfordert deshalb, da mehr in ihm stecken würde, als „bloß" Stromverträge abzuschließen, würde ich mal sagen. Gern bin ich hin und wieder in dieser Ecke beim Café. Unterfordert ist ja nicht nur der Stromhändler, sondern auch mein persönliches momentanes Jetzt, zumindest beim Café mit dem Stromhändler. Manchmal möchte er nicht wahrhaben, der Stromhändler, dass ich ganz einfach Bücher schreibe. Ich schreibe einfach drauflos, da es ja nun mal sowieso keinen interessiert, ob ich Geld in der Tasche habe oder nicht. Also schön Schnauze halten mal alle zusammen, solange ihr nicht imstande seid, einen Autor zu fördern, der vielleicht doch schöne Werte vermittelt.

Einmal schön brav Schnauze halten. Damit meine ich jetzt speziell die Ursprungsfamilie, sicher auch meine eigene, die einfach bloß in alten Ansichten, jahrhundertealten Wahrnehmungen lebt. Ob das 10 oder gar 20 Unterwürfigkeitsprogramme sind, die solche Menschen teilen, ist schwierig zu sagen. Feine Unterschiede sind zu verzeichnen, doch wenn alles harmonisch läuft, dann ist auch der noch so saure Kaffee meistens recht angenehm, an der Ecke mit dem Freund, dem Stromhändler. Hin und wieder darf ich köstlich für mich schmunzeln, vor allem, wenn er Krawatten trägt, die nicht nach Vater aussehen, nein, wohl eher sogar nach Opa. Dann gehe ich lange wieder nicht mehr hin, da wir ja eh bloß meistens sinnlos rumquatschen.

Die schwarze Café-Ecke im Kaufhaus ist für so manchem ein wunderbarer Platz, um kurz innezuhalten und zu beobachten. Die Burschen sind sowas von schräg, dass sie die Musik mitten am Tag so weit aufdrehen, dass sie der Sicherheitsbeauftragte vom Kaufhaus darauf hinweisen muss, diese leiser zu stellen. Ist wohl auch besser, welcher Opa und Oma mag das schon laut; wohl auch der junge Mensch, der im Café zwei Worte austauscht, mag es lieber gediegen.

An der Bar eine schwarze Ecke mit Barmännern, die wohl vermutlich bis hin in die Intimzonen Tattoos tragen und generell eher harte Musik hören, die ja soweit gut rein passt in die schwarze Ecke. Eine schwarze Café-Ecke mit schwarzem Marmor im obersten Geschoss des Einkaufszentrums. Sogar rote Augen hat ein Teil der Barmänner, die dort arbeiten, bereits am frühen Morgen. Katastrophe, als ich letztlich ankam, war einer der Männer so verärgert noch dazu, dass mir bald die Tasse aus den Fingern fiel. Ich hatte meinen Sturzhelm an der Theke wie zu Hause und trank Kaffee, wunderbar, eine Wunderbar?

Strom verkaufen für einen Konzern, der expandiert, ein Konzern, der nur so protzt vor Zahlen und sich jeden noch so teuren Werbeartikel leisten kann, da ja Strom für jeden

Haushalt da sein muss wie Wasser. Es war gar so, dass mich der werte Strommann in die Kommunikationsabteilung des Betriebes schickte, in der Hoffnung, mir zuliebe eventuell die Möglichkeit zu erschaffen, als insel-medial-begabter Mann für diesen Betrieb arbeiten zu dürfen. Sicher wäre das schön. Die Situation war allerdings jene, dass ich in dem Büro einen Mann vorfand, der „bloß" die Erfahrung hat, so mein Auge, wie du am besten eine Feder hältst. Ziemlich unpraktisch für mein Wahrhaben, zu soft würde ich mal sagen, wenig an klarem Charakter zu erkennen. Weiter nicht schlimm, das war eine Erfahrung für mich persönlich, normal.

Das schöne Südtirol ist noch relativ unterentwickelt, was gewisse Themen und Kooperationen betrifft, Personalführung im Mittelalter? Der Stromhändler von nebenan ist ein junger Mann mit blauen Augen, wie ein Außerirdischer - deshalb Stromhändler? Meist ist er gut mit mir, doch er ist überfordert, wenn der Wagen richtig abgeht, hat wohl auch nicht immer Zeit zum Blödeln oder Unsinn reden. Wenn wir dann wie sinnlos im Kreis rumreden und ich das dann nicht mag, schicke ich den Herrn einfach mal zum Kacken auf den Topf, denn Oberflächlichkeit ist nicht so meines.

Motten fressen Kleider, das Haus, das auch innen steht

Du hast vielleicht etwa schon im Kapitel „das Wohnen im Haus der Schwiegermutter" erfahren, was ich persönlich so lernen darf; mit was ich aber auch Medialität verbinde oder dass ich einfach Zeit habe, auch Motten, die kleinen Tiere, mit Medialität zu verbinden. Kleine fliegende Insekten, die, wenn du sie erdrückst, zu Staub werden.

Gerne bin ich auch ein Aufräumer, ein Putzmann, sozusagen einer, der das tut, was andere Menschen niemals tun würden. Ich bin einer, der Zeit vertreibt oder sich einfach auch gerne im Keller versteckt. Einer, der sich zum Aufräumen versteckt, wühlt und einfach nach irgendetwas sucht. Mein Bruder sagt das schön: Du bist der geborene Jäger, wie ein Hund, die Nase überall drin. Gesagt, getan. Wenn ich in den Keller meiner Schwiegermutter, also meiner Mitbewohnerin gehe, trage ich gern auch mal die Gläser mit hinunter, die in der Küche nix verloren haben, einfach sinnlos rumstehen.

So ist die Situation diese, dass in diesen Räumen auch viele alte Kleider rumliegen, die über Generationen, ob jung oder alt, einfach da abgelegt wurden. Dass mir die ja keiner auf den Müll trägt, den Müll. Bloße Bequemlichkeit? Mangel an Selbstdisziplin zu sich selbst? Wie dürfen wir das nennen? Kacke, warum entsorgt die keiner, so ein Mist, der Mist. Wie kannst du nur Müll sammeln. Was sollte ich zwischenzeitlich auch tun, wenn das Mittelalter in Südtirol noch in markanter Form da ist, ob politisch und etwas auch in privaten Räumen. Schreiben, einfach schreiben.

Ich kann mich doch nicht jahrelang zu denselben Themen wiederholen. Sitzen und den Atem fliesen lassen bis Menschen, die um dich herum leben, soweit sind? Es ist sinnlos etwas zu sagen, wenn du nicht gefragt bist bzw. die Quellen (und damit meine ich Familien und deren Ursprung) nicht von sich aus nicht jemanden holen, der ihnen dazu den Spiegel vorhält, um zu tiefster Wertschätzung zurückzukommen. Sprich nicht, wenn du nicht gefragt wirst, hilf niemanden, der deine Hilfe nicht sucht. Und deine Ruhe ist der beste Garant für deine weitere Entwicklung als Mensch und Seele.

Getrennt sind diese Kellerräume durch Eisensicherheitstüren, sodass, wenn ein Feuer entfacht wäre, sich das Feuer nicht ausbreiten könnte. Die kleinen Tierchen haben sich wohl gedacht, wir beleben den Müll und geben somit einen Sinn. Wo Leben ist, da ist Vielfalt! Neben diesen aus Staub geformten Widerlingen (wüsste nicht, welchen Nutzen Motten haben), leben seit Jahren auch unzählige Spinnen dort, die sich eine Fläche von ca. 80 qm als Netz mit ihren Seidenfäden gemacht haben. Eine wunderbare Sauna ließe sich u. a. einbauen in diesen alten Kellerräumen, die einer Müllkippe sehr ähnlich sind.

Nein, danke, persönlich möchte ich nix anderes als baldigst weg von diesem Platz. Gerade bin ich dabei, einen Vorverkaufsvertrag für ein Stück Erde in der Toscana, Maremma aufsetzen zu lassen. Ob das was wird? Alleine schaffe ich nicht alles - schauen wir mal. Nähe Saturnia, den bekannten Schwefelbädern, wunderbar. Dort kannst du dich das ganze Jahr über in warmes Schwefelwasser setzen und das Ganze ist auch noch frei zugänglich.

Zurück zu den Motten... Auch wenn das Ganze eher wohl üble Bilder und Erinnerungen hervorruft, mach dir keine sinnlosen Gedanken an dieser Stelle, überall ist auch das Gute zu finden, vielleicht gar in jeder noch so kleinen Motte. Um die Ecke gibt es weitere Kellerräume, in denen alte Küchenmöbel abgestellt sind. Machst du dessen Türchen auf, kann es schon sein, dass dich 20 oder 30 Jahre alter Speck anspringt. Juhu, wie ist das belebend, du darfst bloß nicht erschrecken. Blass und grau wie eine Maus ist die Farbe, Tod zum Greifen nahe, pfui Teufel, wie kannst du nur... Okay, 20 oder 30 Jahre ist nun etwas übertrieben, würde ich sagen, vielleicht doch mit 10 Jahren abgelaufenen Verzehrdatum kommen wir gut hin, würde ich sagen, auch nicht gelogen. Medialität und Motten, schon auch witzig. Mediale Motten? ...kann sein. Ich könnte die Motten ja mal darauf ansprechen, was sie denn mit ihren Mitbewohnern, den Spinnen so sprechen.

Für mich eine mega Prüfung in einem Haus „in dem alles steht und feststeckt" zu überleben und zu leben. Es müssen auch die Mittel gerecht aufgeteilt werden, damit sich jahrhundertealte Themen und Verstrickungen lösen. Warten und Geduld haben ist zu wenig. Tun ist das Zauberwort und die Dinge ansprechen. Kein Raum, keine Schublade scheint rein oder „geklärt". Neulich hatte ich gar den Eingangsbereich mit frischer Farbe übermalt, ein schönes Grün dazugegeben. Ja, meinst du, das hätte einer bemerkt?! Kein Danke, kein „super, wow!" - alle wach? Die Erfahrung sagt, du bekommst nichts geschenkt und erst recht nicht, wenn du den Weg als auch Autor gehst. Einfach bloß balancierte Geduld noch, lieber Freund, sagt mein Geistesführer. Es darf ja nun mal alles klare Form bekommen und wie ein altes Sprichwort sagt: Trauben müssen reifen.

Nun hast du kleine Einblicke bekommen von dem, was ich grad schreibe und sehe und zugleich aufarbeite, man könnte es auch „Zeit vergeuden" nennen. Gleichzeitig möchte ich dir aber auch zu verstehen geben, dass auch dieses Bild eine Illusion ist, im selben Augenblick ist es schon Vergangenheit. Die dunkelsten Bilder sind eine Form der Ansicht und gerade dort darfst auch du erkennen, dass alles vergänglich ist. Nimm dir Raum, nimm dir Zeit, atme aus, atme ein. Doch vergiss bloß eines nicht, verlier deine Ziele nicht aus den Augen, deine Vision, deinen Herzenswunsch, der dir deine Flügel zur großen Erscheinung griffig zeigen wird. Mach deine Flügel immer breiter und breiter, lass sie zu. Setze um und tu alles das, was dein Herz von Minute zu Minute höherschlagen lässt.

Motten oder alter Speck, das ist bloß Materie, nichts sonst.

Solltest du doch irgendwann die Frage für dich beantwortet bekommen, ist Geduld der Ewigkeit sehr nahe oder gar dasselbe? Geduld bringt Rosen, heißt es so schön. Geduld bringt Rosen, doch was machst du, wenn du gibst und gibst, jedoch Menschen im sogenannten erwachsenen Alter kein Ohr haben für mediale und wirtschaftliche Themen. Da kommt an dieser Stelle gern und schnell Kindergartensprache an den Tag. Da nicht begriffen wird, was du tust und schreibst oder eben auch so mancher jetzt unbewusst mit dem Thema sterben beschäftigt ist, da er ein hohes Alter erreicht hat.

Alles, was sich bewegt und neu ist, hat keinen Platz. Da sitzt du inmitten von zwei Quellen, also Familien, die nichts als zu sind. Es ist sehr schwierig als Medium zwischen zwei Leuten zu leben, die in diversen Themen noch nicht entwickelt sind, diese noch nicht aufgearbeitet haben. Was tun, wenn dem Menschen die Motte im Keller lieber ist und so manch erwachsenes Kind immer noch die Probleme von dementen Personen teilt und das selber gar nicht so recht mitbekommt, dass ein Elternteil mittlerweile dement ist oder einfach nur alt und böse? Was leiden manche Menschen doch sehr an dem Unterwürfigkeitssyndrom oder wie immer du das nennen möchtest. Pfui, das ist verdammter Mist, was der Mensch mit sich machen lässt.

Ich freue mich für mich, für uns alle, wenn die Generationsthemen wohl hoffentlich zeitnah und in Kürze abgeschlossen sind. Bis zum Biegen und Brechen lügen sich Menschen in die eigene Tasche, sozusagen in die eigenen Beine rein. So ist's und es ist ein Stück Wahrheit. Lieber gefalle ich nicht allen Menschen und rede Wahrheit, als Sinnloses schönreden. Für wen denn auch? Gerade klar klärend. Nur das kann die einfache Formel sein und bleiben, um den inneren Tisch immer sauber zu halten.

Der braune Hund und das weiße Sofa

Seit geraumer Zeit ist es so, dass die Mischlingsdame Sky sowas von verwöhnt ist, dass sie ohne ihr weißes Sofa, das wir kürzlich im Haus der Schwiegermutter installiert haben, nicht entspannt ist. Natürlich kommt dazu, dass der Platz im ersten Stockwerk nicht gerade ideal ist. Irgendwie ist der Platz des Hundes dort, als wäre in deiner Wirbelsäule im Spinalkanal ein Steinchen drinnen, das diesen Fluss an Informationen blockiert. Zum einen ist die werte Hundedame dort alleine und das Ganze wirkt etwas kalt, mit uralten - pfui - Fliesen mitten im Flur, das Muster aus der Steinzeit, den 60er-Jahren. Noch dazu ist es bald wieder Winter und die Temperatur dennoch etwas angenehmer im Zimmer, wo das Sofa ist.

Dort schläft der Hund, wenn wir gerade mal im Esszimmer sind. Braun und weiß ist doch wunderbar, zwei Farben, die sich mögen, schon mal optisch nicht schlecht. Sitzt das braune, wuschelige Tier im Flur des ersten Stockes, dauert es nicht lange, dass der Wuschel anfängt zu singen, zu winseln, um Anerkennung zu bekommen - ein Mädchen, das einfach verknuddelt, verwöhnt ist. Knuddel, knuddel, auch wenn das Ohr und Fell am Kopf nach Kuhmist riecht, da sich die Dame darin gerne wälzt, ist das Fell am Ohr und Schädel einfach wie Seide und regt zum ....ja... knuddeln an.

Als Kind knuddelte ich meine Bären, die ich mit zum Schlafen nahm, so lange, bis die keine Haare mehr hatten. Bei der Hundedame ist der Kuschelpelz immer da. Das Ziel ist natürlich, abgeholt zu werden, um neben dem Sofa wie eine richtige Löwin schön quer der Länge des Sofas nach den Boden zu schmücken. Nur nicht alleine sein, das mag auch kein Mensch. Niemand ist wirklich da, um ein Einsiedlerleben zu leben, nicht mal die werte Hundedame. In dem Moment, wenn ich hochgehe und sie hole, mache ich ihr die Leine ab und mit Schwung läuft sie natürlich den Stock tiefer, um ganz schnell nachzusehen, ob in der Küche etwas Fressbares rumliegt. Wirklich möchte sie einfach nicht alleine sein und im warmen Raum wohnen... die alten blöden Fliesen... Vermutlich ginge das auch ohne mein Beisein. Liegt sie erst mal da, geht ihr wohl der ganze Tag schneller rum. Vor allem ist sie der Küche näher und man weiß ja nie, ob nicht jeden Augenblick jemand vorbeikommt und einen Happen Futter springen lässt, die Wahrscheinlichkeit ist groß.

Das Sofa an der Küche, die Schwiegermutter, die gegen 10 Uhr mal vom Wohnzimmer in die Küche schaut, um eine Wärmflasche zu holen. Sie macht nichts anderes mehr, außer unterm Bett zugedeckt zu liegen und zu warten, ob sie quasi bald gehen darf. Nicht immer einfach, ich sag´s euch. Aber vielleicht ist das auch bloß das Alter oder die Demenz, wie das gerne von so manchem Fachmann genannt wird. Als ich sie heute danach gefragt habe, ob sie denn nicht wisse, dass ich schon zwei Jahre hier wohne, antwortete sie mit „Nein". Wunderbar. Persönlich geht es mir gut, wenn ich einfach ausatme und im Frieden bleibe und somit den grünen Bereich bewahre in den gewaltigen Umbruchzeiten.

Wie dem ist, diese Zeilen kamen mir gerade gelegen, als sie eben förmlich rein schlich in das Wohn-Esszimmer, wo das werte Sofa mit dem Hund ist. Zuerst musst du durch das Esszimmer durch, von da führt der Weg in die Küche, in der ich eigentlich wieder mal den Boden sauber machen könnte, auch wenn die Fliesen so beschädigt sind, dass es keinen Unterschied mehr macht. Ein sehr altes Haus, das bald in Trümmern zerfällt, so sieht's zumindest aus, wenn wir das näher betrachten, wenn nicht in Kürze etwas getan wird. Wir hatten selber mal daran gedacht, etwas zu tun an diesem Haus. Doch solange das hier „alles verboten" ist und auch hier eine jahrhundertealte Regierung über die Böden schlurft, aus Angst, alles zu verlieren, macht das schon erst gar keinen Sinn, sich mit wertvollen Gedanken zu befassen an Orten, an denen die eh nie ankommen werden.

Hilf niemanden, ohne gefragt zu sein, dann widerfährt dir nichts Schlechtes. Ein altes Sprichwort, das ich hin und wieder teile - das ist genau dieses hier, knallhart, aber wahr. Die Tage vergehen in Sekundenschnelle, ganze Sekunden werden zu Blitzen, die da sind, aber gleich schnell wieder weg. Das Altern trifft wohl auch dich und mich wie jeden der Haut und Knochen mit sich rumträgt sein Leben lang. Das Altern kommt gewiss und fängt etwa bei 20 an, sagen die Mediziner und wohl auch Biologen, wer immer sich damit näher befasst. Lass deine Knochen, lebe den Geist, dann macht dir der alte Knochen nix.

Haushexen

Hexen im Haus oder Haushexen? Was ist wahr, von welchen Hexen darf gesprochen werden? Wer sind diese Hexen? Sollte ich denen einen Namen geben oder doch lieber weiter frei auf ihrem Besen fliegen lassen? Stell dir vor, du störst eine Hexe am Fliegen und die stürzt ab und prallt auf eine Mauer mit ihrem Gefährt... schade um den Besen…..:-). Solches und Ähnliches solltest du dann doch lieber nicht riskieren, dann musst du die Hexen auch noch retten nach dem Sturzflug, das wäre wohl richtig eine Oberkacke. Hexen fliegen lieber frei und ohne Störfelder, wie sich's halt gehört. Hexen fliegen frei herum, mit oder ohne Besen. Freies Hexenleben ist somit die Essenz von freiem Leben, vom Freigeist, den jeder Mensch in sich trägt, einfach zulassen.

Hexen? Wunderbar! Manchmal sind die nackt, hin und wieder tragen sie bloß einen Slip oder ihr Nachthemd, da sie einfach Hexen sind und auch die Geborgenheit in ihrem Haus genießen. Die tun, was sie immer möchten, da sie eben Hexen sind. Egal zu welcher Uhrzeit, ob Nachthemd oder rosa Fingernägel, nicht heikel, der Besen muss her, das Instrument schlechthin, es fliegt, ohne Auftanken zu müssen. Ohne Wind düsen die Hexen durch die Räume. Woher die Besen den Antrieb nehmen, das bleibt wohl ein Geheimnis.

Ich glaube, es hat nie jemals ein Mensch verstanden, mit was ein Besen angetrieben wird. Petroleum ist das sicher nicht, das kenne ich bloß vom Helikopter. Dabei meine ich zu wissen, dass die Hexen so schweben, dass sie nicht mal wirklich am Stiel direkt drauf sitzen und sich meistens auch nur mit einer Hand halten am Stil. Welche Art von Holz das wohl ist? Hexenbesenstiel - auch ein edles Instrument scheint das wohl zu sein. Wo gibt es die bloß zu kaufen, die Geräte? Bei OBI habe ich die noch nicht gesehen, eine Marktlücke? Ich wüsste doch einige Personen, denen ich so einen Besen schenken könnte.

Nun, es gibt ja Hexen ohne Ende. Einfach freundlich, dass deren Freizeit nicht der Langeweile folgt. Einfach damit deren verschlafenes Leben wieder frischer und frecher sein darf. Der Wind muss her, der immer wieder Neues bringt. Fahrtwind vom Besen, wie das rauscht, wenn dir eine Hexe entgegenkommt, ich sag`s dir! Und übrigens kommt mir noch eine Frage auf. Wird den Hexen nie langweilig, wenn sie immer nur durch dieselben Räume fliegen? Haushexen fliegen ja eher selten aus und müssen sich dann wohl mit den Räumen begnügen, in denen sie auch privat ihr Flugtraining absolvieren. Hexen fliegen. Eigentlich sind doch Hexen eine gute Sorte Mensch. Vor allem zeigen diese viel Mystisches und Geheimnisvolles, Unausgesprochenes. Nicht alles geben sie preis, und das ist gut so.

Nun habe ich einige Zeit nicht mehr geschrieben und komme gerade jetzt wieder zwei Minuten in die Kraft des

Schreibens, um dem Ausdruck zu geben, was wiederum und immer wieder neu mit Horizont zu tun hat. Ganz simpel und einfache Worte, sodass es jeder begreifen kann und das Ganze sich nicht in intellektuellen Formen verfängt.

Hexenhorizont. In Kürze schreiben wir Dezember 2020. Ein Zeitalter, in dem die Corona-Pandemie die Welt im Griff zu haben scheint. Wie schnell die Zeit vergeht, der Februar 2021 ist da und der Karren läuft weiter. Immer noch hat das Covid-19-Drama die Welt fest im Griff und wir sind gerade bei vielen politischen Spaltungen, auch hier in Südtirol. Die führende Partei in Südtirol verliert zunehmend an Kraft, denn die Widersprüche werden größer, einfach weil die Wahrheit reiner ist und mehr Kraft hat, so würde ich das einfach mal simpel und verständlich für jeden hinstellen.

Vom Hexenbesen zur Covid-19-Pandemie, welch schwungvolle Verbindung sich da ableiten lässt. Durch die Lüfte fliegen die Hexen und durch die Lüfte ist die Partei, die in Südtirol lange das Sagen hatte. Offiziell hat sie das noch, doch ich denke nur noch auf dem Papier. Denn jetzt ist definitiv Zeit für andere Kräfte und einmal mehr für Wahrheit/en. Der Lügenkoffer bricht einmal mehr würde ich sagen, der Lügenkoffer der Politik weltweit. Mit Biegen und Brechen wird versucht, den Menschen Märchen zu erzählen. Das bringt nix über kurz oder lang. Und das altbewährte Sprichwort lautet: Lügen haben kurze Beine.

Hexen, die lügen nicht, die fliegen schnelle Besen mit ihrem Wesen. Mit dem Wesen eines Besens kannst du doch auch mal reden, Holz lebt. Zweifeln bringt nichts. Schnelle klare Entscheidungen sind effizienter.

Die Reise nach Indien - ein kurzer Einblick

Abschließend vielleicht noch zwei Worte zu meiner fernöstlichen Reise. Nach der Fachausbildung zum ganzheitlichen Masseur bin ich mit zwei Bekannten, die auch daran Interesse hatten, mit dem Rucksack auf den Schultern nach Indien gereist. Das Land des Allmöglichen, das Land des unmöglich Möglichen. Wie es eben so üblich ist, aber wohl auch am günstigsten, fährst du am besten mit einem Rucksack mit all deinen Sachen, die du mitnehmen möchtest nach Indien. Du stopfst am besten von Zahnbürste bis Klamotten alles rein, buchst einen Flug und startest durch. Das Visum nicht vergessen rechtzeitig anzufragen.

Was der Ferne Osten dir gibt, das hat enormen Wert: ein Stück weiter zu dir zu gelangen. Es war nämlich auch so, dass diese Reise eine große Herausforderung war, da ich kaum Englisch-Kenntnisse in der Tasche hatte und dennoch in den Fernen Osten gereist bin. Einfach mal los in ein Land, das ca. 1600 Sprachen hat inklusive all der Dialekte, die die Inder dort sprechen. Etwa 3500 km lang ist die riesige Halbinsel.

Einen Tipp, den ich dir auch geben möchte bzw. darf: Diese und ähnliche Reisen gehen durchaus auch ohne Impfungen. Ich kann nur sagen, dass selbst die bekannte

Kohletablette, die gegen Durchfall helfen kann, wirklich nichts nütz, wenn der Erreger, der den Durchfall auslöst, mal gepflegt deinen Darm besucht. Das geht oben schwarz rein und unten wieder schwarz raus. Zumindest hatte ich mir erhofft, dass die empfohlenen Kohletabletten den Darm etwas stopfen. Dem war nicht so. Klar, es gibt Pflichtimpfungen oder eben empfohlene Impfungen. Ich möchte dir keine Mutprobe aufschwatzen, doch es gilt das Prinzip der Natur, deines Geistes, dass wenn du keine Ängste hast, du in der Regel auch nichts Krankes bzw. kaum Negatives anziehst.

Indien wird als das Land des Allmöglichen oder auch als das verrückteste Land dieser Erde bezeichnet, wenn es darum geht, es zu bereisen. Niemals sind diese Eindrücke durch Berichte eines TVs zu ersetzen. Das ist in der Tat so. Bunter und mit mehr Gegensätzen geht es wohl kaum. Lass dich einfach überraschen und lies nicht zu viel in Reiseführern und fahre einfach dorthin, wenn dich dieses Land anzieht. Das, was du auf den Reisen lernst, kann man nicht wirklich in Worte fassen. Es sind einfach Dinge, die dir in deinem Leben wahre Schätze geben, die du dann am besten für dich alleine genießt. Wie Werkzeuge, die du dann innehast und benutzen darfst, Horizont pur.

Als Einstieg in eine Fernostreise empfiehlt sich vielleicht Thailand, wo du wunderbare Strände findest, etwas weniger verrückt und leichter zu überschauen, würde ich sagen. Starte mit Menschen, die dich mögen. Auch von der Bevölkerungsdichte ist das nicht so stressig wie Indien, dort geht's schon verrückt zu, muss gesagt sein. Es wird kein Tag vergehen, an dem du nicht meinst, du kannst deinen Augen nicht trauen. Gerade wenn du sensibel bist, kann das schon mal zu viel werden, die ganzen Eindrücke, die du dort erlebst. Ganz spannend ist das auch, wenn du zurück in dein Zimmer gehst und die Affen beobachtest, die auf den Dächern der Häuser ihr Leben leben. Die brettern wie die Schwalben durch die Haussimse. Die beste Erfahrung machst du, wenn du alleine dorthin reist. Wenn du den Mut hast, dann mach das einfach. Ich habe auch Frauen getroffen, die alleine dieses Land bereisten, mit Mut und Gelassenheit vorne weg geht viel.

Nun einfach eine kurze Abrundung meiner Gedanken in diesem Buch mit dem Titel Gedankenkleckse, eine Brise Leben. Es interessiert dich, was ich noch so denke, welche Gedankengänge ich habe? Ja, dann greif einfach gerne auch zu meinen Büchern, die ich bereits geschrieben hatte. Wie die Leser sagen, sind die zu empfehlen. Zumindest sagt das Mister Google.

a) „Ein Strahl in der Ewigkeit" oder auch das Buch b) mit dem Titel „Medium mit Herz".

Und vergiss eines nicht, du findest mich unter www.jomas.info

Und lass es dir gut gehen, geh deinen Weg, nicht den, den andere gerne hätten von dir. Auch wenn es manchmal hart ist: Geh knallhart deinen eigenen! Das mag hart klingen, ist aber das einzige Rezept, um zu dir selbst zu stehen. Genau das, was du gerne verdrängst, dort ist dein Weg verborgen. Geh ihn, DEINEN Weg!

Danksagung

Bedanken möchte ich mich bei meinem herzigen „Knoidele", der Elisabeth, die immer wieder von Neuem Geduld schöpft und ich so meinen Weg gehen darf, wie ich ihn mag und für mich als richtig erachte. Danke auch Herrn Patrick Peruzzo aus Eppan im schönen Südtirol für die kleine, feine monetäre Unterstützung. Danke allen, die mir Frage und Antwort standen in dieser Zeit. Danke auch dem Lektorat Esther Norman aus Berlin. Knallig und kantig geht mein Weg somit weiter; so ist mein drittes Werk vollbracht. Danke an dich, dass du dich entschieden hast, dieses Buch zu kaufen. Weitere Bücher von mir findest du im Handel mit den Titeln **„Ein Strahl in der Ewigkeit"** und **„Medium mit Herz"**.

Weitere Infos unter:

www.jomas.info

FSC
www.fsc.org
MIX
Papier | Fördert
gute Waldnutzung
FSC® C083411

Zeitfracht Medien GmbH
Ferdinand-Jühlke-Straße 7
99095 Erfurt, Deutschland
produktsicherheit@kolibri360.de